Hablando seriamente

Hablando seriamente
textos y pretextos
para conversar y discutir

third edition

Rubén Benítez • Paul C. Smith

University of California, Los Angeles

Prentice
Hall

Upper Saddle River, New Jersey 07458

Library of Congress Cataloging-in-Publication Data

BENÍTEZ, RUBÉN, [DATE]
    Hablando seriamente : textos y pretextos para conversar y discutir / Rubén Benítez,
Paul C. Smith. -- 3rd ed.
        p.   cm.
    English and Spanish.
    Includes bibliographical references and index.
    ISBN 0-13-030757-2
    1. Spanish language--Conversation and phrase books--English.
    2. Spanish language--Textbooks for foreign speakers--English. I. Smith, Paul, [DATE] II. Title.
PC4121 .B36   2001
468.3'421--dc21   00-041662

Editor in Chief: Rosemary Bradley
Editorial Assistant: Amanda Latrenta
Project Manager: Robert Runck
Executive Managing Editor: Ann Marie McCarthy
Cover Art Director: Jayne Conte
Cover Design: Kiwi Design
Cover Art: Gary Buss, photographer. FPG International LLC
Prepress and Manufacturing Buyer: Tricia Kenny
Marketing Manager: Stacy Best

This book was set in 11/13 Times by Victory Productions, Inc.,
and was printed and bound by RR Donnelley & Sons Company.
The cover was printed by Phoenix Color Corp.

© 2001, 1995, 1987 by Prentice-Hall, Inc.
a division of Pearson Education
Upper Saddle River, New Jersey 07458

Printed in the United States of America
10 9 8 7 6 5 4 3

ISBN 0-13-030757-2

PRENTICE-HALL INTERNATIONAL (UK) LIMITED, *London*
PRENTICE-HALL OF AUSTRALIA PTY. LIMITED, *Sydney*
PRENTICE-HALL CANADA INC., *Toronto*
PRENTICE-HALL HISPANOAMERICANA, S.A., *Mexico*
PRENTICE-HALL OF INDIA PRIVATE LIMITED, *New Delhi*
PRENTICE-HALL OF JAPAN, INC., *Tokyo*
PEARSON EDUCATION ASIA PTE. LTD., *Singapore*
EDITORA PRENTICE-HALL DO BRASIL, LTDA., *Rio de Janeiro*

Contenido

Preface   vii

Acknowledgments   xi

→ i presentación

1. Costumbres alimenticias en el mundo actual   1

2. El dinero, la inflación y el desempleo   18

3. El estrés e sus consecuencias   37

→ 4. El alcohol y las drogas   56

5. La desigualdad social entre los sexos   76

6. La destrucción del medio ambiente   96

→ 7. Diversidad étnica y discriminación   115

8. La presencia hispana en Estados Unidos   131

9. La revolución tecnológica   151

10. La influencia de la televisión   168

11. Consideraciones sobre la amistad   187

12. La búsqueda de la felicidad   206

Índice de palabras comentadas   225

$\mathcal{P}$reface

Hablando seriamente: Textos y pretextos para conversar y discutir is a textbook intended for use in third- or fourth-year Spanish conversation courses at the college level. With imaginative guidance from the instructor, classes based on this material involve students in a structured, creative effort that leads to a higher level of conversational proficiency.

This third edition of *Hablando seriamente* incorporates a number of important revisions. Overall, users of this book will now find that these revisions and other changes made in the text provide a more tightly structured set of materials for organizing an intermediate or advanced conversation class. The most important changes derive from the authors' desire to create more group and interactive communicative activities than were included in the first and second editions.

The two new chapters, "La presencia hispana en Estados Unidos" and "La revolución tecnológica," add important topics of current interest, as does the revised chapter, "El estrés y sus consecuencias," re-introduced from the first edition at the request of users and outside reviewers. Moreover, the chapter in the second edition called "La riqueza étnica de los Estados Unidos" has been rewritten as "Diversidad étnica y discriminación." The chapter, "La desigualdad social entre los sexos," has also undergone rewriting and factual updating. In general, all the chapters have been revised, updated and, when necessary, shortened.

Each chapter begins now with a *Prelectura*. It is important that this brainstorming conversational activity be done as group work in the class prior to the one in which the essay and accompanying exercises are assigned as homework. The *Prelectura* exercises are intended to get students talking by introducing them—through a number of simple opinion questions—to the thematic concerns reflected in the essay and to the exercises assigned for the following class. A number of *Palabras útiles* have been listed for each *Prelectura*, but the instructor will surely want to augment it by brainstorming and board work in which the students contribute further vocabulary.

To speak fluently about a subject, we need to know something about it. Therefore, the Lectura following the *Prelectura* in each chapter presents considerable factual information about topics of interest to most students. Following the *Lectura* is an *Expansión de vocabulario* that gives extensive explanations of the vocabulary for the Ejercicios which follow. These exercises, some tightly controlled and focused and others open-ended, improve reading comprehension, lexical expansion, vocabulary use, and the ability of students to express and defend their ideas and feelings about the issues discussed in each chapter. Finally, each chapter concludes with *Tareas complementarias*, four topics for discussion that may be assigned as group work for three or more students. The *Tareas complementarias* permit student participation that reflects their personal experience or professional goals.

Since today's college students study Spanish for many different reasons, the topics in this text cover a broad range of social, political, environmental, health, entertainment and philosophical issues of considerable importance in their lives. The *Lecturas* complement each other, but are nevertheless sufficiently independent to be studied as individual units.

This text presents more material than some instructors may wish or be able to include in a one-quarter or one-semester class. In such cases, we have found that students appreciate the opportunity to collaborate with the instructor in organizing the class and selecting the chapters to be studied. For example, Chapter 2, "El dinero, la inflación y el desempleo," could help economics or management majors improve their lexical proficiency in these areas of special interest. Similarly, sociology majors or future social services workers might be most interested in "La desigualdad social entre los sexos," "Diversidad étnica y discriminación," and "El alcohol y las drogas." Science majors, on the other hand, might have a preference for "La revolución tecnológica," "El estrés y sus consecuencias," or "La destrucción del medio ambiente." Indeed, students with different interests and backgrounds can enrich class discussion of their preferred subjects.

The instructor and users of *Hablando seriamente* will also find some chapters—"Costumbres alimenticias en el mundo actual" and "El dinero, la inflación y el desempleo," for example—to be intellectually less complex and/or controversial than others, such as "Diversidad étnica y discriminación," "La amistad," or "La felicidad," which are philosophically more involved and incorporate a great many points of view.

The notes in the *Expansión de vocabulario* discuss important lexical distinctions not always made clear in dictionary entries. Words are treated in semantic categories or families, and are studied in terms of being synonyms, antonyms, cognates or false cognates of English. Approximately three-fourths of the lexical items in each chapter should be learned as active vocabulary for use in class conversation. The remaining may be considered as passive or recognition vocabulary needed to comprehend the *Lectura* and to answer some of the lexical exercises.

The line between active and passive vocabulary is a flexible one and should be drawn by the instructor in accordance with the abilities and specific goals of each class. Vocabulary expansion, greater aptness of expression, precision in the use of the Spanish lexicon, and avoidance of excessive interference from English are major objectives of this section.

An *Índice de palabras comentadas* at the back of the book lists the words and expressions discussed throughout the *Expansión de vocabulario* sections. Nevertheless, most students will benefit from using a Spanish-English dictionary. More advanced students in the class may wish to use an all-Spanish dictionary recommended by the instructor.

The Ejercicios in each chapter introduce a series of activities that reflect different levels of difficulty. Multiple-choice questions are presented first and test the student's comprehension of the Lectura. Students will find that they need to pay close attention to the wording of these questions in order to answer them correctly. The three sets of multiple-choice and fill-in questions, under the rubric *La palabra adecuada*, focus attention on lexical expansion and word usage. These exercises are followed by a short set of oral questions that stress the meaning of the *Lectura* and which can be answered by studying it and the *Expansión de vocabulario*.

Finally, as indicated before, the new *Tareas complementarias* require statements of personal opinion about, or interpretation of, an issue raised in or related to the *Lectura*. These questions constitute the conversational core of the textbook, and experience has shown that this is the part of the class that students enjoy most. We all love to express our own personal opinions about things that interest us. The spontaneous discussion that often develops from these questions, directed as group work, constitutes the creative interchange that is the essence of conversation. Moreover, at this stage in each chapter, students will be able to use the vocabulary and ideas previously studied to express themselves with more confidence and fluency. In this exchange of ideas, students can express their social experience and intellectual competence by discussing important adult issues rather than banalities or topics of little significance.

The success of a conversation class depends to a large extent on how well discussions in the class relate to the lives and interests of the students. Rarely a week passes without the news media informing us of an important happening or sensational event that relates to one or more of the *Lectura* topics. Therefore, classes can actualize and often personalize the topics under examination by relating them to current events. Instructors as well as students can enliven class discussion with magazines, newspaper clippings, and other realia related to the subjects of the day. Also, selected students can be asked to prepare one or more questions of opinion or interpretation about these related news events.

The conversation questions in this book can, of course, be modified or replaced with others that address related issues. For example, an examination of discrimination based on sex can be extended to the problem of discrimination based on religion, ethnicity or social class. The year-2000 edition of *The Annual Freshman Survey* of some 360,000 college students shows that they feel more stressed than ever before. This finding may be used as a point of departure for discussing the chapter on stress. Indeed, personal experience or special interest in or knowledge about the subjects covered in this textbook can generate questions and commentary that lead to lively discussion. Although the main objective of *Hablando seriamente* is to facilitate the improvement of conversational skills in Spanish, the text takes into account the need to create in college students an awareness of the social and political problems they will encounter in their personal and professional lives.

Acknowledgments

To the names of those persons we thanked for their assistance in preparing the first two editions of this book—Professors Carlos Solé, University of Texas, Austin; Aurora Egido, University of Zaragoza; Matilde Castells, California State University; Adriana Bergero and Guillermo Hernández, UCLA; Dr. Antonio Morillo; and our late colleague Richard M. Reeve—we wish to add the names of two persons who made helpful suggestions for the revision of this third edition of *Hablando seriamente:* María Elena Francés of Los Angeles Valley College and Magdalena Sánchez-Blanco Smith. We would also like to thank the following reviewers: Theo Anne Byrnes, Community College of Southern Nevada; Richard Curry, Texas A&M University; Miguel Domínguez, California State University; Colleen Ebacher, Towson University; Vicki Román-Lagunas, Northeastern Illinois University; Martha Schaffer, University of San Francisco; and Dwight TenHuisen, Calvin College.

Hablando seriamente

I Costumbres alimenticias en el mundo actual

I. Prelectura

Ejercicios para despertar ideas en la clase anterior a la lectura.

Palabras útiles

adelgazar	to become thin, to lose weight
bebida	drink
beber	to drink
comer	to eat
comida	meal, food
delgado	thin
engordar	to became fat, to put on weight
gordo	fat
sano	healthy

Preguntas preliminares

1. Los estudiantes, ¿comen en general bien? ¿Por qué opina así? (**Sugerencias**: ignorancia sobre la buena nutrición; falta de tiempo o de dinero; despreocupación juvenil con respecto a la salud; calidad de la comida en el *campus*; comidas de moda o dietas raras).

2. Divídase la clase en grupos que favorezcan o se opongan al consumo de carne de res (llamada a veces **carne roja**). Que cada grupo dé las razones para su posición. (**Sugerencias**: el

ser humano es omnívoro por naturaleza; la carne roja da
energía y fuerza; tiene buen sabor; es parte de una dieta bien
equilibrada; abunda en colesterol y en grasas; los vegetarianos son más sanos; es cruel matar animales para nuestra alimentación.)

II. Lectura

Las enormes desigualdades sociales existentes todavía en nuestro
mundo afectan a cualquier persona sensible. Pero nos afectan aún
más cuando se trata de la carencia° de **alimentos**[1] básicos o del   *lack*
pavoroso° problema del **hambre**[2]. Resulta, pues, casi irónico hablar   *terrible, frightful*
en el mismo ensayo de las costumbres culinarias de los países desa-
rrollados, cuando en muchas partes del tercer mundo la población es-
tá mal alimentada o diezmada° por el hambre.   *decimated*

El hambre tiene distintas causas, pero en general todas están rela-
cionadas con el subdesarrollo° económico. Un clima duro° y la falta   *underdevelop-*
de buena tierra cultivable pueden ser causas determinantes de la po-   *ment, harsh*
breza. Pero una tierra pobre y desértica puede tornarse fértil, sin em-
bargo, con el uso de modernas técnicas de cultivo, tales como
el riego° artificial, así como ha ocurrido en Israel. En ciertas regiones   *irrigation*
de Africa, Asia y Latinoamérica, los campesinos **cultivan**[3] la tierra
con métodos y con procedimientos que han cambiado poco a través
de los siglos. Es decir, en muchos países la pobreza y el hambre están
relacionados no sólo con las condiciones económicas, sino también
con el atraso° tecnológico.   *backwardness*

En los países del tercer mundo millones de personas mueren cada
año de hambre o de enfermedades producidas por la desnutrición.
Centenares de millones de personas viven desnutridas por la
escasez° de alimentos que les impide el consumo mínimo necesario   *shortage, scarcity*
para mantener la salud. La deficiencia alimenticia resta° vitalidad° a   *takes away/energy*
muchos millones de personas, y la falta de proteínas afecta a muchos
niños, causándoles males físicos y retraso° mental.   *retardation*

En contraste con los habitantes del tercer mundo, el habitante
medio° de Norteamérica, gran parte de la Europa occidental, Australia y Nueva Zelandia, la Argentina, el Uruguay y algunos otros países,
tienen acceso, dentro de sus posibilidades económicas, a una abun-
dante y variada alimentación. Un segundo grupo de países, inclusive
Rusia y muchos de la Europa oriental, disfrutan de° una alimenta-   *have, enjoy*
ción suficiente. Suele ser calóricamente adecuada, pero mucho
menos variada y más monótona que la del primer grupo de naciones,
porque ciertos alimentos no básicos faltan o no son asequibles°   *available*
al ciudadano medio, ya por su escasez crónica, ya por su altísimo
precio.

En los Estados Unidos, como ocurre con la mayor parte de los países del primer grupo, otro problema es el de la gran cantidad de productos alimenticios elaborados°, que tienen poco valor nutritivo. La persona encargada de la comida familiar tiene, por eso, la responsabilidad de decidir qué es lo mejor para su familia y planear **comidas**[4] que sean a un tiempo° **sabrosas**[5] y nutritivas. Una comida habitual suele incluir como **plato**[6] principal carne, pollo o pescado. Las carnes pueden ser de vaca, de cerdo o de cordero°, y pueden prepararse asadas, guisadas, fritas o a la parrilla°. En los tiempos pasados, un filete° de carne de vaca frita, con puré de papas y con guisantes era una comida típica de los Estados Unidos. Pero los gustos y preferencias alimenticias de la población han cambiado mucho y sería difícil decir cuál es hoy la comida más popular de este país.

processed foods

at the same time

*lamb
grilled/broiled,
steak*

El pollo frito (muchas veces comprado fuera y llevado a casa para comer) es un plato que ha crecido en popularidad. En cambio, el pescado es menos apreciado° en los Estados Unidos que en muchos otros países, y se prepara con menos variedad de **recetas**[7]. Hay aquí, sin embargo, excelentes **pescados y mariscos**[8], aunque sus precios suelen ser bastante elevados. La carne de res° en sus múltiples formas, desde la carne picada° hasta el rosbif, sigue siendo un plato predilecto° de la gran mayoría de los norteamericanos.

*less highly
regarded*

*beef
ground meat
favorite*

La preferida entre las comidas extranjeras ya naturalizadas es la comida italiana. La pizza y las pastas como los espaguetis y los ravioles muchas veces suplantan la carne o el pollo como plato principal. Y finalmente, siempre se puede recurrir a los huevos, que constituyen un plato nutritivo y económico, ya sea revueltos, fritos o en forma de tortillas o *crepes*. Sin embargo, en años recientes el consumo de huevos en los Estados Unidos ha bajado por el miedo al colesterol.

Para evitar la monotonía y equilibrar° nutritivamente el **régimen**[9] alimenticio, se puede variar no sólo el plato principal, sino las **verduras** u **hortalizas**[10] que lo acompañan. Las más usuales como los guisantes, los frijoles, el maíz y las zanahorias pueden alternarse con la col, las espinacas, los espárragos, las remolachas° y las berenjenas°. Las papas pueden ser sustituidas por el arroz. En lugar de una ración de verduras o legumbres, se puede servir una **ensalada**[11] de lechuga y tomates, tal vez con algunos rábanos° o rodajas° de pepino° añadidos.

to balance

beets/eggplant

*radish/slices
cucumber*

Si la ensalada es muy grande, puede constituir en sí la comida entera, aun cuando esto solamente es una costumbre habitual en ciertas partes de los Estados Unidos como en California. En una cálida noche de agosto pocas cosas apetecen° más que una fresca ensalada de lechuga y tomate con atún, jamón o pollo frío, con rábanos, aceitunas, un poco de cebolla, algunos trozos de pimiento verde°, y tal vez un huevo duro cortado en pedazos, y todo mezclado con un sabroso **aliño**[12] de aceite, vinagre, sal y algunas especias.

are apppetizing

*(sweet) green
pepper*

La fruta reemplaza a veces el postre tradicional elaborado° con ha-
rina, huevos, manteca, crema, grasa° y azúcar. Un postre ligero y re-
frescante es la ensalada de frutas o macedonia. También es fácil
servir, como postre, fruta del tiempo° como fresas en primavera, y al-
baricoques°, duraznos, ciruelas, melón y sandía° en verano. Es en el
otoño cuando se encuentran las mejores uvas, manzanas y peras. Y
durante casi todo el año podemos gozar de frutas cítricas como na-
ranjas y toronjas°. Como sabemos, la fruta es mejor para la salud que
los helados, los bizcochos° y las tartas°. No nos hace engordar como
otros postres porque tiene pocas calorías y no tiene nada de grasa.

• La bebida que se toma con la comida depende del gusto personal y
de la tradición. Lo más corriente en los Estados Unidos es beber sólo
agua y hay personas que la prefieren embotellada como se suele beber en Europa. Otros optan por el café, la leche, las gaseosas°, el té y
el té helado en verano. La cerveza acompaña bien ciertas clases de
alimentos, sobre todo los salados. Y la costumbre, tan arraigada° en
el sur de Europa, de tomar vino con la comida se hace cada día más
popular aquí, ya que California produce buenos vinos, algunos de los
cuales pueden competir en calidad con los de Europa.

En las últimas décadas, se han transformado bastante nuestros hábitos alimenticios debido en parte a la producción de alimentos **congelados**[13]. Hace ya muchos años que en la sección de alimentos
congelados de los supermercados encontramos jugos, verduras, pescados y carnes. Pero sólo en años recientes se han introducido comidas especiales, platos precocinados, congelados y al mismo tiempo de
muy buen sabor. Suelen ser más caros que los platos congelados normales, pero son mucho más sabrosos. Desde luego, ahorran° al consumidor el tiempo de preparación. Sólo es necesario calentarlos en el
horno o en el microondas° antes de servirlos. Son de utilidad para
solteros° o para matrimonios jóvenes sin niños que no saben cocinar
bien o no tienen interés o tiempo para hacerlo. Las existencia de comidas congeladas nos permite probar una variedad de platos, inclusive la aquí llamada comida «étnica» (mejicana, china, japonesa, etc.)
que de otro modo no llegaría a muchas de nuestras mesas. La comida
congelada facilita también la labor de quienes trabajan fuera y vuel-
ven tarde y demasiado cansados para cocinar.

A pesar de la mejoría que ha experimentado° la comida congelada
con respecto al sabor, nunca es comparable en calidad a la comida pre-
parada con ingredientes frescos y con cierta imaginación. Por eso está
creciendo el número de personas interesadas en la buena **cocina**[14].

Para terminar, mencionaremos que el creciente interés por la buena cocina en los Estados Unidos probablemente tiene su origen en el
descubrimiento directo de la cocina de Europa por millones de turis-
tas norteamericanos en los años posteriores a la Segunda Guerra
mundial, fortalecido sin duda por la constante inmigración desde

made, prepared
fat/shortening

of the season
apricots/water-
melon

grapefruits
cakes/pies

soft drinks

rooted

they save

microwave oven
single people

undergone,
experienced

Europa, Asia y Latinoamérica. La inmigración latinoamericana, por ejemplo, ha traído consigo muchas comidas típicas de cada país, las cuales han sido poco a poco aceptadas por la población no latinoamericana. Hasta no hace mucho, era imposible encontrar en los supermercados latas de frijoles, pero los frijoles negros constituyen hoy un necesario complemento del arroz en muchas casas norteamericanas. En gran parte, los grupos interesados en *health food* han visto en los frijoles y en otras legumbres una sustitución valiosa de la carne o de otros alimentos ricos en proteínas y en hierro. Hasta el gusto por los picantes ha cambiado con la difusión de comidas mexicanas, como el chile relleno y las enchiladas. La línea de *fast food* se ha enriquecido con los tacos mexicanos, las pupusas salvadoreñas y las empanadas argentinas.

En casi todas las grandes ciudades del país es posible encontrar hoy restaurantes especializados en cocina regional, nacional o internacional. Y hay ciudades como Nueva York, Los Angeles, Nueva Orleans, San Francisco, Filadelfia y Baltimore, donde uno de los atractivos° para los habitantes o los que visitan estas ciudades es el comer en algunos de sus excelentes restaurantes recomendados en las guías turísticas, o lo que es aún mejor, recomendados por algún amigo que vive en una de esas ciudades y que conoce lo que es la buena cocina.

attractions

Expansión de vocabulario

I

el alimento	food
la alimentación	food, nutrition
alimentar	to feed
dar de comer	to feed
alimenticio	food, nutritious (adj.)
alimentario	food, nutritious (adj.)

Alimento, often used in the plural, is the most common term for *food*. **Alimentación** also means *food* but indicates more the action and effect of consuming it. The verb **alimentar,** *to feed*, may also convey the meaning of *to nourish*, although **nutrir** is the more precise term. **Alimentar** is often replaced by **dar de comer** in familiar circumstances, such as when referring to the feeding of persons in one's family, pets, etc. The common adjective corresponding to **alimento** is **alimenticio.** Its synonym **alimentario** is used less, mostly to refer to the **industria alimentaria,** *the food industry*.

Mañana el paciente podrá tomar **alimentos** líquidos.

Tomorrow the patient will be able to have liquid food.

Nuestra salud depende de nuestra **alimentación.**

Our health depends on what we eat (our food, nutrition).

Los mineros no ganan bastante como para **alimentar** a sus familias.

The miners don't earn enough to feed their families.

¿Le has dado de comer al perro?

Did you feed the dog?

En este almacén guardan productos **alimenticios.**

Food products are stored in this warehouse.

La industria **alimentaria (alimenticia)** emplea a miles de trabajadores en Murcia.

The food industry employs thousands of workers in Murcia.

2

el hambre	hunger, famine, starvation
tener hambre	to be hungry
pasar hambre	to be hungry, to go hungry
pasar mucha hambre	to starve
morir(se) de hambre	to starve (to death), to die of hunger
hambriento, famélico	hungry, starving, famished

English has separate words for *hunger, famine,* and *starvation;* Spanish uses **hambre** (f) for all three concepts. When used in the singular without an intervening adjective, **hambre,** although feminine in gender, requires the masculine article. Because English *to starve* has two related meanings, *to suffer severely from hunger* or *to die from lack of food,* it is translated into Spanish by either **pasar (sufrir) mucha hambre** or **morir(se) de hambre.** The synonyms **hambriento** and **famélico** are seldom used with **estar,** and are used mainly to modify nouns. Instead, **tener hambre** or **pasar hambre** renders *to be hungry.*

Nuestra organización ha emprendido una nueva campaña contra el **hambre.**	*Our organization has undertaken a new campaign against hunger (famine, starvation).*
Es escandaloso que todavía haya personas que **mueran de hambre.**	*It's scandalous that there are still people who starve to death (die of hunger).*
La película es un documental sobre familias **famélicas** y **desnutridas** que viven en los Apalaches.	*The film is a documentary about hungry and undernourished families that live in the Appalachian Mountains.*

3

cultivar	to cultivate, to grow
crecer	to grow

Cultivar translates *to cultivate* or *to farm* the land, as in the essay illustration. It also means *to grow* or *to raise* a particular plant or crop. For the other common meaning of English *to grow,* which is *to increase in size,* Spanish uses the intransitive verb **crecer.**

Los granjeros **cultivan** aquí mucho trigo.	*The farmers raise (grow) lots of wheat here.*
El trigo **crece** muy bien aquí.	*Wheat grows very well here.*

4

la comida	meal; dinner; food
el desayuno	breakfast
el almuerzo	lunch; breakfast (Mexico)
la cena	supper
el refrigerio	snack, bite, very light meal

Comida, as used in the essay illustration, means *meal.* In certain parts of the Spanish-speaking world, it may also specify the main meal of the day. In other parts of the Spanish-speaking world, **almuerzo,** *lunch,* is sometimes used with this meaning. However, in Mexico, **almuerzo** means *breakfast* and **comida** either *lunch* or *dinner.* **Cena,** like the English word *supper,* is the evening or night meal. Finally, **comida** is often used as a close synonym of **alimento** in many contexts.

La **comida** que más me gusta es el **desayuno.**	*The meal I like best is breakfast.*
En nuestra casa, se sirve la **comida** entre dos y dos y media.	*At our house, dinner (lunch) is served between 2:00 and 2:30 P.M.*
El gasta más en **comida** que en alquiler.	*He spends more on food than on rent.*
La **comida** (los alimentos) ha(n) subido mucho de precio.	*Food has gone up very much (a lot) in price.*
En este restaurante la **comida** es siempre excelente.	*The food in this restaurant is always excellent.*
Como iban a llegar tarde a casa, pararon en el camino para tomar un **refrigerio.**	*Since they were going to arrive home late, they stopped to have a bite (snack) along the way.*

5

sabroso	tasty, flavorful; delicious
rico	delicious
cremoso	creamy
delicioso	delightful, delicious

Sabroso means tasty, flavorful, as well as delicious. In Spain and several areas of Spanish America, **rico** is used instead of **sabroso** to render *delicious.* **Rico** doesn't mean *rich* in the English sense of a high-calorie pastry or dessert made with lots of butter, sugar, and eggs, a concept for which no one-word translation equivalent exists in Spanish. However, in referring to ice cream, for instance, **cremoso,** *creamy,* may convey basically the same idea as the English word *rich.* Finally, the basic meaning of **delicioso** is *delightful,* although in some Spanish-speaking areas it is also a synonym of **sabroso** and **rico.**

¡Qué postre más **sabroso (rico)** comimos anoche!	*What a delicious dessert we had last night!*
¡Qué tarde más **deliciosa** pasamos en París!	*What a delightful afternoon we spent in Paris!*

6

el plato	course, dish; plate
los platos	dishes
fregar los platos	to wash the dishes
la vajilla	dishware, dishes

Plato, as used throughout the essay, means *course* or *dish* prepared for a meal. This is an extension of its primary meaning of the *plate* on which the food is served and from which it is eaten. In the plural, **los platos** means *dishes* in the sense of the complete tableware (dishes, glasses, flatware) used for a meal. *To wash the dishes* is **lavar los platos** or, in some Spanish-speaking countries, **fregar** (literally *to scrub*) **los platos,** when they are washed by hand. **La vajilla** is a partial synonym of **los platos** but refers only to the dishware and not to the glasses and flatware.

El primer **plato** será pescado y el segundo, carne.	*The first course (dish) will be fish, and the second one meat.*
¿Quién **fregará (lavará) los platos?**	*Who will wash the dishes?*
María tiene una valiosa **vajilla** china que ya no usa por temor a que se rompa.	*María has a valuable set of Chinese dishes that she no longer uses for fear of breaking them.*

7

la receta	recipe; prescription
el libro de recetas	recipe book, cookbook
recetar	to prescribe
prescribir	to prescribe, to order

Spanish **receta** means *recipe* and *prescription*, since both provide directions or a formula as to the ingredients and manner of preparing something. When there is contextual ambiguity, it can be clarified by specifying **receta de cocina,** *recipe,* or **receta médica,** *prescripción.* The verb **recetar** is *to prescribe* a drug or medication. **Prescribir** *is to prescribe* in the sense of ordering someone to do something other than to take a specific medication.

María Elena le regaló a Rubén un **libro de recetas.**	*María Elena gave Rubén a cookbook as a gift.*
Tengo dos nuevas **recetas médicas.**	*I have two new prescriptions.*
Las medicinas **recetadas** por el médico no hicieron efecto	*The medicine prescribed by the doctor had no effect.*
La doctora le **prescribió** a mi hermana un cambio de clima.	*The physician ordered (prescribed) a change of climate for my sister.*

8

pescado y mariscos	seafood
el pescado	fish
el marisco	shellfish
el pez	fish
la espina	bone
el hueso	bone

Spanish has no one-word equivalent of the English word **seafood.** The concept is best expressed, as in the essay illustration, by combining **pescado,** *fish,* and **mariscos,** *shellfish.* Recall that **el pescado** is the fish that has been caught and is to be eaten, as opposed to **el pez,** the live fish. Finally, unlike English, which uses one word for all kinds of bones, in Spanish fish have **espinas,** but other animals have **huesos.**

Me gustan mucho los **mariscos,** pero son muy caros.	*I like shellfish very much, but it's very expensive.*
Anoche comimos **pescado** con papas como segundo plato.	*Last night we had fish and potatoes for the second course*
Dos **peces** amarillos nadaban en la nueva pecera.	*Two yellow fish were swimming in the new fishbowl.*
Ella se atragantó con una **espina** de pescado.	*She choked on a fishbone*
Le dieron al perro los **huesos** de las chuletas.	*They gave the dog the bones from the chops.*

9

el régimen	diet
la dieta	diet
estar a régimen (dieta)	to be on a diet

Diet, in the sense of the food and drink we normally consume, is most often translated by **régimen** or **régimen alimenticio. Régimen** may also describe the specially regulated selection of foods one eats for medical, health, or ethical reasons, although **dieta** is the preferred word. As awareness of dietary regulation for health reasons increases, the word **dieta** is encroaching on the domain of **régimen,** and some Spanish speakers use it for *diet* in all contexts.

Julio tiene un **régimen (alimenticio)** bien equilibrado.	*Julio has a well-balanced diet.*
Estoy a dieta desde que descubrieron que soy diabético.	*I have been on a diet since they discovered that I am a diabetic.*
Juan es tan obeso que debe someterse a una **dieta** rigurosa.	*Juan is so obese that he should go on a rigorous diet.*

10

la verdura	vegetable, green
la hortaliza	vegetable
la legumbre	vegetable, legume
vegetal	vegetable (adj.)

⦁   The English noun *vegetable* may refer to any plant raised for its edible parts. Spanish has three different words which may render *vegetable:* **verdura, hortaliza,** and **legumbre,** often used in the plural as in the essay illustration. **Hortaliza** has the broadest meaning, since it encompasses everything grown in a **huerta,** a *vegetable* or *truck garden.* The meaning of **hortaliza** thus includes those of both **verdura** and **legumbre.** In careful usage, **verdura** is most often employed for green vegetables, such as lettuce, chard, spinach, cabbage, and string beans. All **verduras** are, of course, also **hortalizas,** but the opposite is not true. **Legumbre** is normally used for vegetables that consist of a pod with seeds in it, or legumes. One can further distinguish between **legumbres verdes,** such as **guisantes,** *green peas,* and **habas,** *lima beans,* and **legumbres secas,** such as **garbanzos** and **lentejas,** *lentils.* Considerable personal and regional variation in the use of **hortalizas, verduras,** and **legumbres** is to be expected. Finally, although some people also use **vegetal** as a noun, in careful usage it is an adjective only.

Manena ha preparado una sopa de **verduras** muy rica.	*Manena has made a delicious vegetable soup.*
Mi **hortaliza** favorita es la zanahoria.	*Carrots are my favorite vegetable.*
Gonzalo se ha hecho vegetariano y no come sino **verduras (hortalizas)** y frutas.	*Gonzalo has become a vegetarian and eats only vegetables and fruits.*
Los frijoles son **legumbres** muy ricas en proteínas.	*Beans are vegetables that are very rich in protein.*
Los aceites **vegetales** son mejores para la salud que la grasa animal.	*Vegetable oils are better for our health than animal fats.*

I I

la ensalada	salad
salado	salty, too salty
soso	insipid, tasteless
insulso	flavorless, tasteless

Observe that the Spanish word for salad bears the prefix **en-,** unexpected to the speaker of English, and the word **sal,** *salt.* **Salado** indicates that something has too much salt and **soso,** too little.

Todas las tardes, como una pequeña **ensalada** de verduras crudas.	*Every afternoon I eat a small salad of raw vegetables.*
La sopa estaba **salada** pero nos gustó de todos modos.	*The soup was too salty, but we liked it anyway.*
Este pollo está un poco **soso.**	*This chicken needs a little more salt.*
Seguí la receta con cuidado, pero la carne ha salido **insulsa.**	*I followed the recipe carefully, but the meat was tasteless.*

I 2

el aliño	dressing, seasoning
aliñar	to dress, to season
sazonar, condimentar	to season
la salsa	sauce, gravy

El aliño, *dressing, seasoning,* implies a mixture of oil, vinegar, salt, and sometimes other spices used as a dressing on salad, or as a preparation for cooking or preparing food. **Aliñar,** *to dress, to season,* thus differs from **sazonar, condimentar,** which imply to *season* with dry herbs, spices, or salt. **El aliño** is the standard word to refer to *salad dressing,* whether homemade or factory-processed. Note, too, that **la salsa** has meanings conveyed by two different words in English: *sauce* of any kind and *gravy* for meat.

Cuando **aliñes** la ensalada, échale un poco más de aceite.	*When you put dressing on the salad, use a bit more oil.*
Debes **sazonar (condimentar)** bien el pescado antes de meterlo en el horno.	*You should season the fish well before putting it in the oven.*
Hizo una **salsa** con champiñones para los espaguetis.	*He made a mushroom sauce for the spaghetti.*
El asado llevaba papas fritas y una **salsa** muy sabrosa.	*The roast had French-fried potatoes and a delicious gravy.*

I3

congelado   frozen
congelar   to freeze
helar   to freeze

Spanish normally makes a semantic distinction between those things that freeze naturally (because of a drop in temperature) and what is artificially or deliberately frozen by man. **Helar** is used in the former context and **congelar** in the latter.

Este lago siempre se **hiela** en invierno.	*This lake always freezes in winter.*
Visite Ud. nuestra nueva sección de comida **congelada** (alimentos **congelados**).	*Visit our new frozen-food section.*
El gobierno **ha congelado** los salarios.	*The government has frozen wages.*

I4

la cocina   cooking, cuisine; kitchen; stove

La **cocina,** the standard word for kitchen, the room where food is prepared, also means *cooking* in the sense of *cuisine.* In Spain and some parts of Spanish America, it has a third meaning, which is that of the *range* or *stove* on which food is cooked.

La cocina china es muy apreciada en todas partes.	*Chinese cuisine is highly regarded everywhere.*
Angel prefiere la **cocina** casera.	*Angel prefers home cooking.*
En su piso, María tiene una **cocina** muy moderna.	*In her apartment María has a very modern kitchen.*
Compraron una nueva **cocina** eléctrica.	*They bought a new electric range.*

Ejercicios

Comprensión de la lectura

De las cuatro respuestas que se indican para cada pregunta, seleccione Ud. la correcta, de acuerdo con el ensayo. También indique brevemente por qué las otras opciones son incorrectas.

1. La causa principal del hambre en muchas partes del mundo es _____.
   a. la falta de buena tierra cultivable
   b. el atraso económico y tecnológico
   c. la gran aridez del clima
   d. el alto coste de la alimentación

2. Gozan de mucha popularidad como plato principal entre los norteamericanos _____.
   a. los pescados y mariscos
   b. la carne de cerdo
   c. los huevos
   d. la carne de res *animal*

3. Debemos comer fruta como postre porque _____.
   a. la fruta fresca varía según la estación del año
   b. la fruta es un alimento sano y fácil de servir
   c. los pasteles nos hacen engordar
   d. los pasteles son malos para la salud

4. La gran ventaja que tienen los platos congelados y precocinados sobre los preparados en casa con ingredientes frescos es su _____.
   a. sabor
   b. tiempo de preparación
   c. coste
   d. enorme variedad

La palabra adecuada

A. Para cada frase que sigue, elija Ud. la palabra o expresión que complete mejor el sentido.

1. El pescado congelado no conserva el sabor y el valor _____ del pescado fresco.
   a. delicioso
   b. nutritivo
   c. rico

2. Las salsas de la cocina italiana suelen ser bastante _____.
   a. sosas
   b.) condimentadas
   c. insulsas

3. Un par de horas antes de cocinarlo, _____ Ud. el pescado con sal, pimienta y perejil.
   a. cultive
   b. congele
   c.) sazone

4. Con los guisantes secos, un poco de jamón y cebolla, se puede preparar una sabrosa sopa de _____.
   a.) verduras
   b. legumbres
   c. vegetales

B. De acuerdo con las notas de **Expansión de vocabulario** utilice la palabra o expresión que complete mejor el sentido de cada frase. En algunos casos puede haber más de una palabra apropiada.

1. Todas querían saber cómo Juanita había preparado el pastel de chocolate y le pidieron su *recita de cocina*.

2. El besugo es un pescado muy fino, pero su único inconveniente es que tiene mucho(a)s *espinas*.

3. Maryland es un estado famoso por sus cangrejos, ostras y otros *mariscos*.

4. Según la Biblia, siempre debemos dar de comer al *perro*.

C. Complete las frases que siguen, escogiendo las palabras que mejor correspondan al sentido, modificándolas gramaticalmente siempre que sea necesario. No use ninguna palabra más de una vez.

probar *to taste*	desnutrido	insulso *tasteless*	plato
pasar hambre	cocina	a la parrilla	crecer
cultivar	delicioso	carne de res	prescribir
recetar	ensalada	soso	principiante

1. Nos bañamos y el mar estaba _____; después comimos sardinas *deliciosas* en un restaurante cercano a la playa.

2. Apenas soy *principiante* en el arte de cocinar, pero ya he preparado algunos *platos* excelentes para mis amigos.

3. Como era evidente que el niño estaba *desnutrido* el médico le *prescribió* un régimen alimenticio especial.

4. Tratamos de *cultivar* algunas hortalizas, pero como vivíamos tan cerca del mar, éstas no *crecen* muy bien.

Para Ensayo :

Preguntas textuales

1. ¿Cómo afecta la desnutrición a la población adulta de un país y la falta de proteínas a los niños?

2. ¿Cómo es posible que una familia en un país como los Estados Unidos coma mucho pero esté desnutrida al mismo tiempo?

3. Nombre Ud. algunas frutas preferidas por el público e indique las estaciones mejores para comerlas en estado natural, es decir, ni congeladas ni enlatadas.

Tareas complementarias

A. Preparación de un colosal banquete para homenajear a un visitante ilustre (Miguel de Cervantes Saavedra, George Washington, Moctezuma, Madame Curie, Queen Elizabeth, Martin Luther King, Fidel Castro, Eva Perón, Nelson Mandela, Ricky Martin o cualquier otro personaje célebre, que viva o que haya muerto.) Cada estudiante preparará un menú ideal y le proporcionará a la clase la receta del plato que el visitante supuestamente prefiere.

B. Diálogo entre vegetarianos y no vegetarianos, en el que cada uno exprese su filosofía sobre la comida y la alimentación y elogie sus ventajas: la vida sana, sencilla y natural; la salud corporal; la comida como expresión de refinamiento y cultura; la comida como placer; moderación y exageración en el comer y beber; lo sano y lo placentero de las diferentes comidas nacionales y regionales. Caracterización humorística de los dialogantes.

C. Crítica a restaurantes conocidos en cada lugar, dentro y fuera del colegio o la universidad en que se dicta la clase. El alumno podrá ilustrar su presentación con la copia de un menú. Calidad o falta de calidad de cada plato, el modo de cocinarlo, las características del servicio, la relación entre calidad y precio. Incluir los restaurantes que sirven *fast food*.

D. Se dividirá la clase en grupos que prepararán listas de reglas o prioridades para mantener la buena salud por medio de la alimentación. Se mencionarán los distintos puntos de vista sobre la comida orgánica, los alimentos genéticamente modificados, el consumo de vitaminas, las ventajas del beber vino con las comidas para facilitar la digestión y la circulación de la sangre, y las cantidades ideales de proteínas, carbohidratos, grasas, etc.

2 El dinero, la inflación y el desempleo

I. Prelectura

Ejercicios para despertar ideas en la clase anterior a la lectura.

Palabras útiles

abrir una cuenta	to open an account
acciones	stock
ahorrar	to save
disfrutar de	to enjoy
donar	to donate
la franquicia	franchise
heredar	to inherit
la herencia	inheritance
invertir	to invest
prestar	to lend
regalar	to give (as a gift)

Preguntas preliminares

1. Su grupo obtiene un premio de cien mil dólares con un billete de lotería. ¿Qué hará Ud. con el dinero que le corresponde? (**Sugerencias:** Gastarlo en compras y en viajes, asegurar la educación de los hijos o los hermanos, comprar una casa aquí o en el extranjero para los padres, invertirlo en acciones, ahorrarlo; donarlo a alguna sociedad de caridad, comprar una franquicia en un negocio o una organización de deportes.)

2. En el futuro, en qué trabajos o carreras podrá uno ganar más dinero y por qué? (**Sugerencias:** Indicios que ya se observan en la situación presente, cambios en las necesidades físicas y espirituales de la sociedad futura, expansión internacional de los negocios y fuentes de trabajo, la universalidad de las comunicaciones y las lenguas, incremento de la técnica en la producción industrial, trabajos en el área tecnológica donde haya escasez de trabajadores.)

II. Lectura

Muchas encuestas° revelan que hoy en día una de las preocupaciones candentes° de la gente es el **dinero**.[1] Son precisamente los jóvenes los que están más obsesionados por ganar dinero, pero hay por parte de las personas de todas las edades un creciente interés en artículos y otras publicaciones acerca del dinero y de las finanzas personales. No podemos opinar si es cierta o no la afirmación de ciertos sociólogos, a raíz de° la fascinación que el dinero ha llegado a ejercer sobre muchos norteamericanos. Estos sociólogos dicen: «el dinero se ha convertido en el nuevo sexo». Aquí nos limitaremos a hacer algunas observaciones básicas sobre el dinero y sobre dos fenómenos a él vinculados° que nos afectan a todos: la inflación y el desempleo.[2]

Empecemos con una definición **sencilla**[3]: el economista John K. Galbraith afirma que el dinero es «lo que se da o se recibe generalmente por la compra o venta de artículos, servicios y de otras cosas». La definición es lo bastante amplia como para abarcar° distintas formas de moneda, como los billetes de banco y el dinero metálico. Pero los cheques y sobre todo las tarjetas de crédito son también formas de dinero de uso corriente. El uso del dinero metálico no es nuevo. Los romanos, por ejemplo, acuñaron° monedas de un peso determinado en oro, en plata y en cobre. Pero los billetes de banco, hoy en día mucho más importantes que las monedas de metal, y que son emitidos° generalmente por los bancos nacionales, sólo aparecieron muchos siglos después.

En el siglo XVIII, el economista escocés Adam Smith hizo una aguda° observación sobre el dinero. Declaró que de todas las ocupaciones del hombre —incluso la política y la religión—, la de ganar dinero era en sí la menos perjudicial para la sociedad. Sin embargo, todos sabemos que la codicia°, el excesivo deseo de tener dinero, puede producir un comportamiento perjudicial no sólo para el individuo, sino también para la sociedad. Es bien sabido también que tener dinero no implica más inteligencia ni mayor virtud. Hay hombres que han heredado enormes cantidades de dinero o se han enriquecido por una racha° de buena suerte. A menudo esos hombres confunden la admiración que inspiran sus grandes fortunas con el aprecio de otras

surveys
most important
hotly discussed

with regard to

linked

embrace, include

made, minted

issued

keen, sharp

greed

streak

personas por sus cualidades personales. Es triste observar que sus opiniones sobre la sociedad, la política y la economía sean escuchadas a veces como si esos hombres fuesen verdaderas autoridades en tales materias.

Ahora volvamos los ojos a un fenómeno íntimamente ligado con el dinero y que casi todos conocemos: la inflación. Cuando en un período dado se elevan notablemente los precios de todo lo que compramos, podemos afirmar que existe inflación. La misma unidad monetaria: un dólar, un peso, o una peseta, por ejemplo, vale menos que antes porque ahora todo cuesta más, es decir, los precios han subido. A veces la inflación no es general porque no todos los precios suben. A lo mejor la gasolina baja un poco y el precio de la comida se mantiene estable, mientras otros sectores de la economía como la asistencia **sanitaria,**[4] la matrícula° universitaria y el seguro del coche experimentan fuertes subidas de precio. *tuition*

La inflación, cuando es fuerte y prolongada, tiene graves consecuencias para la estabilidad social y política de un país y baja **el nivel de vida**[5] de la mayoría de los ciudadanos. Por ejemplo, suele impedir o detener el crecimiento económico normal y contribuir así al desempleo. Por desgracia, la inflación afecta más gravemente a los pobres y a quienes viven sólo de su trabajo porque los **salarios y jornales**[6] no suelen incrementarse tan rápidamente como los precios de las cosas que se compran. Afecta negativamente también a muchos **jubilados,**[7] cuyas pensiones no están indexadas contra la inflación.

En las últimas décadas del siglo XX, Latinoamérica ha sido una de las partes del globo más castigadas° por la inflación. Pero el caso de la inflación más horrendo y el más **comentado**[8] de todos es el de la Alemania de los años 1922 y 1923, que siempre se cita como caso clásico de hiperinflación. Los artículos de consumo que antes de esos años habían valido mil marcos, costaban entonces diez mil millones de marcos. Había mujeres que llevaban al mercado cestas de billetes para comprar un solo pan. Con esta hiperinflación la actividad económica de Alemania quedó paralizada y aumentó *increase* enormemente el desempleo. Y el marco alemán en billetes no valía el papel en que estaba impreso. *punished*

Debido a las diferencias estructurales de su economía, las distintas naciones pueden **tolerar**[9] diferentes niveles de inflación. En los últimos cincuenta años, por ejemplo, Alemania, marcada profundamente por la pesadilla° de los años 1922 y 1923, ha sido uno de los países que más empeño° han puesto en controlar la inflación. Suiza y los Estados Unidos también parecen muy **sensibles**[10] a la inflación e incapaces de tolerarla a alto nivel. Otros países, en cambio, como el Brasil, en que la alta **tasa**[11] de inflación ha sido crónica, parecen adaptarse mejor a los desajustes° económicos producidos por la inflación. *nightmare* *insistence* *dislocations*

Ya se ha indicado que la inflación, cuando es fuerte y prolongada, puede reducir la actividad económica de un país y así contribuir al desempleo. Pero mucho más corriente como causa del desempleo es la recesión o depresión económica, período en que los precios no suben, sino que en muchos casos bajan. Durante tales períodos el banco nacional no aumenta la cantidad de dinero en circulación; al contrario, la mantiene constante o hasta la reduce. Por consiguiente, hay una contracción de la actividad económica dentro del país y menos necesidad de la mano de obra° en las fábricas, tiendas y otros tipos de negocios. Hasta las grandes compañías anuncian recortes° en sus plantillas. Y en general, muchos **trabajadores**[12] pierden el empleo o pasan de un trabajo fijo° a uno temporal o eventual.

labor, manpower
cutbacks

full-time

El *Everyman's Dictionary of Economics* de Arthur Seldon y F.F. Pennance (Londres, 1965) define el desempleo como «ocio° involuntario de una persona que busca un trabajo remunerado de acuerdo con los salarios actuales, pero que no puede encontrarlo». En las sociedades capitalistas existen varios tipos de desempleo, pero aquí mencionaremos sólo los dos más importantes: el estructural y el general.

leisure

El desempleo estructural es el producido por cambios tecnológicos en una industria o por una reducida demanda de sus productos. Suele afectar a algunas industrias pero no a otras, y su causa puede ser también la competencia de industrias extranjeras más eficientes que producen el mismo producto, de igual o mejor calidad, a menor costo.

Pero también existe el desempleo general. Su causa suele ser la recesión o depresión, es decir, un período de extendida crisis económica en todo el país. Con el desempleo general, la producción industrial baja sensiblemente° comparada con la alcanzada en momentos de mayor prosperidad. A diferencia del desempleo estructural, el general afecta a todos los sectores de la economía.

appreciably

Ningún país, excepto durante períodos limitados de tiempo, ha podido lograr el ideal de proveerle a todo ciudadano deseoso de trabajar, un **trabajo**[13] a la vez útil y gratificante°.

satisfying

Desde luego, muchos países tienen un seguro de desempleo que ayuda algo al desocupado. Sin embargo, tanto en Europa como en los Estados Unidos, el desempleo puede ser algo terrible aunque sus efectos estén disimulados° a los ojos del público por los subsidios destinados a paliar algunas de las consecuencias financieras del paro. Además, en los Estados Unidos, a diferencia de muchos otros países, el que pierde su trabajo suele perder también su seguro sanitario. Desde luego, no se ven tan fácilmente los efectos del desempleo sobre la salud física y mental del trabajador y de su familia. Pero los médicos han comprobado° que una serie de trastornos° psicosomáticos en los desocupados y sus familias son resultado del paro: el insomnio, las jaquecas, las úlceras de estómago, la alta tensión arterial.

hidden, concealed

have proved
disorders

La mejor solución al problema del desempleo es la creación de suficientes puestos de trabajo. Pero como esta meta° puede tardar mucho en alcanzarse, en el ínterin debemos preocuparnos más por la
suerte de los desocupados, ayudándoles a sobrevivir° la crisis económica de la que son víctimas.

goal

survive

Como ya hemos visto, nuestra vida tienen un componente económico muy importante. Por eso es necesario tener conciencia sobre
ciertos fenómenos económicos y monetarios. Deberíamos informar-
nos mejor sobre cuestiones como la inflación, la recesión, el desempleo y la inversión° del **capital**[14] para poder apoyar con nuestros
votos al candidato presidencial con el mejor programa económico para el país. En un nivel puramente personal, esta información nos ayudará a defender nuestros intereses y los de nuestra familia en el
mundo capitalista y materialista en que vivimos. Por otra parte, las
cuestiones asociadas con el dinero siempre han tenido interés universal para el hombre. Grandes novelistas como el inglés Charles Dickens, los franceses Honoré de Balzac y Emile Zola y el español Benito
Pérez Galdós han analizado en sus obras los efectos del dinero sobre
el comportamiento de seres individuales y de sociedades enteras.

investment

Además del interés natural que el hombre siente por algo tan indispensable en la vida moderna como es el dinero, es natural que quiera
mejorar sus conocimientos de economía en general y del manejo° de
finanzas personales en particular. Esta aspiración de mejorar la vida
nos explica la fabulosa acogida° que han recibido en este país revistas, periódicos y libros prácticos sobre cómo invertir° dinero, cómo
reducir legalmente los impuestos sobre la renta y cómo defenderse en
el mundo competitivo en que vivimos. Es significativo que una de las
revistas populares que más éxito° ha tenido en los Estados Unidos se
llame sencillamente *Money*.

handling,
*   management*
acceptance
to invest

success

*E*xpansión de vocabulario

I

el dinero	money, currency
la plata	silver; money (*Sp. Am*)
la moneda	coin, money
las divisas	foreign money

Dinero means the totality of paper money and metal coins. In
much of Spanish America, **plata** regularly replaces **dinero** in colloquial usage. **Moneda,** which primarily indicates *coin,* as distinct from
paper money or bank notes, also means money in the sense of the na-

tional monetary unit. **Divisas** (*pl.*) is used as a synonym of **moneda extranjera,** *foreign money* or *foreign currency,* especially when referring to commercial transfers of money between nations.

No tenemos suficiente **dinero (plata)** como para comprar un televisor nuevo.	*We don't have enough money to buy a new television set.*
De la Casa de la Moneda salen las **monedas** y billetes con que pagamos las cuentas.	*From the mint come the coins and bank notes with which we pay our bills.*
En la **moneda** norteamericana se lee la frase «En Dios confiamos».	*On United States money you can read the phrase "In God we trust."*
El dólar norteamericano reemplazó a la libra esterlina como **moneda** internacional.	*The U.S. dollar replaced the pound sterling as the international currency.*
En el aeropuerto se puede comprar (cambiar) **moneda** extrajera.	*At the airport you can buy (exchange) foreign money.*
La entrada de **divisas** en el país ha superado todos los pronósticos.	*The foreign money that has come into the country has surpassed all predictions.*

2

el desempleo	unemployment
el paro	unemployment
desempleado	unemployed
parado	unemployed
desocupado	unemployed
en paro	out of work, unemployed

Desempleo, *the opposite of* **empleo,** employment, is the common term for *unemployment.* It is almost always the word used in the language of economics, statistics, etc. In Spain, a frequent synonym for **desempleo,** especially in the everyday spoken language, is **paro** (from **parar,** *to stop*). In many parts of Spanish America, **desocupado,** literally *not busy, unoccupied,* is a common replacement for **desempleado.**

El **desempleo (paro)** es un grave problema para muchos gobiernos.

Unemployment is a serious problem for many governments.

¿Cuántos **desempleados (parados, desocupados)** hay en la industria textil?

How many unemployed workers are there in the textile industry?

Desde que se cerró la fábrica, hay muchos más obreros **en paro.**

Because the factory closed, there are many more unemployed workers.

3

sencillo	simple
simple	simple

Both **sencillo** and **simple** render English *simple.* **Sencillo** is the more common word, used in almost all contexts. **Simple** usually replaces it (1) when describing a person who is or acts foolish or in a simple-minded way or (2) when describing things that are so elementary that anyone can understand them. **Simple** also renders *only,* as in *just* or *merely,* when it precedes the noun it modifies.

Este nuevo aparato es útil y de **sencillo** manejo.

This new device is useful and is simple to use.

Lupe es una mujer estupenda, de gustos **sencillos.**

Lupe is a wonderful woman with simple tastes.

Juan es tan **simple** que cree todo lo que le cuentan.

Juan is so simple (foolish), that he believes everything they tell him.

Voy a reducir el problema a términos aún más **simples.**

I'm going to reduce the problem to even simpler terms.

Es un **simple** vendedor de zapatos.

He's only (just, merely) a shoe salesman.

4

sanitario	health, health-care, medical; sanitary
médico	medical
sano	healthy, sound
sanear	to cure, to make well
sanar	to cure, to heal, to get better
curar	to cure, to heal, to make better

The adjective **sanitario,** in addition to *sanitary,* often renders the English adjectives *health, medical,* or *health-care.* This use of **sanitario,** instead of the adjectives **médico** or **de salud,** is more common in Spain than in Spanish America. **Sanear,** *to make sound, to restore to good health,* is used most in contexts such as business, environment, government, etc. **Sanar** and **curar,** *to heal, to cure,* are applied to persons. Both can refer to physical or mental health. **Sanar** usually indicates natural healing and **curar** indicates medical treatment of illness.

La presidenta quería reformar el sistema **sanitario.**	*The president wanted to reform the health-care system.*
Los crecientes problemas **sanitarios** están relacionados con el envejecimiento de la población.	*The increasing medical (health) problems are related to the aging of the population.*
Es necesario **sanear** la atmósfera de Los Ángeles.	*It is necessary to clean up the air in Los Angeles.*
Después de dos semanas en la cama, mi hermano **sanó** de su enfermedad.	*After two weeks in bed, my brother got over his illness.*
La doctora me **curó** con un nuevo medicamento.	*The doctor cured me with a new medicine.*
Me he curado siguiendo el tratamiento médico.	*I got better by following the medical treatment.*

5

el nivel de vida	standard of living
el estilo de vida	life-style
el tren de vida	life-style, way of life

   El nivel de vida renders *standard of living* in economic contexts. **Estilo de vida** implies a practical philosophy of life that may or may not include an economic component. The expression **tren de vida** suggests a contrast between financial means and life-style. It implies conspicuous consumption beyond one's capacity to maintain it.

En el Japón, el **nivel de vida** ha subido mucho.	*The standard of living has risen in Japan.*
Dicen que los franceses tienen un **estilo de vida** muy atractivo.	*People believe that the French have a very attractive life-style (way of life).*
Con ese **tren de vida,** María se va a arruinar pronto.	*With that life-style (way of life), María is going to go broke soon.*

6

el salario	wages
el sueldo	salary
el jornal	(daily) wages
los honorarios	fees

   Note that **salario** is a false cognate for the English word *salary;* **salario** means *wages.* The English word *salary* is translated by **sueldo. Jornal,** from **jornada,** *the workday,* is the compensation received for one day's work. Its context is usually agricultural work or other manual labor. **Sueldo,** like its English equivalent, most often indicates compensation paid monthly for executive, administrative, and certain other kinds of white-collar work. **Honorarios,** used in the plural, indicates *the fees* or *compensation* paid for the services of professional people such as physicians, attorneys, architects, etc.

¿Sabes cuál es ahora el **salario** mínimo?

Do you know what the minimum wage is now?

Los directores de este banco ganan unos **sueldos** fabulosos.

The officers of this bank earn fabulous salaries.

El presidente ha congelado todos los **sueldos** y **salarios.**

The president has frozen all salaries and wages.

El sindicato de mineros pide un aumento de **salarios.**

The miner's union is asking for a wage increase.

Los que recogen las uvas reciben el **jornal** al final del día.

Those who pick the grapes receive their pay (earnings) at the end of the day.

7

jubilar(se)	to retire
retirar(se)	to retire
la jubilación	retirement
el retiro	retirement
la retirada	retirement, withdrawal, giving up

Jubilarse is the standard word for *to retire* and implies receipt of some kind of pension. The word is related to Latin **jubilare** and probably once indicated the jubilation associated with the official end of one's working life. **Retirarse** is preferred to indicate *retirement* of military personnel and certain government employees. **Jubilación** and **retiro** both suggest permanent cessation of work. To indicate retirement in the sense of giving something up, although not necessarily permanently, **retirada** can replace **retiro.**

Juan va a **jubilarse** con una pensión generosa.	*Juan is going to retire with a generous pension.*
En mi país hay que trabajar hasta los sesenta años para tener derecho a la **jubilación.**	*In my country you have to work until you are 60 years old to be entitled to retirement with pension.*
El profesor **jubilado** empezó a cobrar modestos honorarios por sus clases particulares.	*The retired professor began to charge modest fees for his private lessons.*
Han retirado las tropas del frente.	*They have withdrawn their troops from the front.*
Elena se **retira** de los negocios.	*Elena is retiring (withdrawing) from business.*
Quiero **retirarme** a un pueblo tranquilo que tenga aire puro.	*I want to go away (retire) to a peaceful town that has clean air.*
El boxeador anunció su **retirada** del ring.	*The boxer announced his retirement from the ring.*

8

comentar	to comment (on)
pedir	to ask (for)
solicitar	to apply (for)
pagar	to pay (for)
soplar	to blow (on)
llorar	to cry (over)

Certain English verbs that are followed by a preposition take no preposition in their Spanish equivalents. There is no handy formula to indicate which verbs fall into this category. Six of the highest frequency verbs in this category are exemplified below.

El senador **comentaba** la muerte del presidente.	*The senator was commenting on the death of the president.*
He pedido más dinero.	*I have asked for more money.*
Carmen va a **solicitar** una beca.	*Carmen is going to apply for a scholarship.*
¿Quién **pagará** la comida?	*Who will pay for the meal?*
Soplaba la sopa porque estaba muy caliente.	*He was blowing on the soup because it was too hot.*
Llorábamos la pérdida del campeonato.	*We were crying over the loss of the championship.*

9

tolerar	to tolerate, to endure, to put up with, to permit
aguantar	to put up with, to stand
resistir	to endure, to stand

The above words are close synonyms. In the sense of *to allow* or *to permit* someone to do something, **tolerar** is also a synonym of **permitir** and **dejar**.

Es un hombre que no **tolera** la menor crítica.	*He is a man who won't tolerate (allow) the slightest criticism.*
Ella no **tolera** que su hijo venga por aquí.	*She doesn't tolerate their son's coming around here.*
Él se quitó la vida por no poder **tolerar (resistir, aguantar)** los terribles dolores causados por su enfermedad.	*He took his life because he couldn't stand (endure) the terrible pain caused by his illness.*
Nadie **aguanta (resiste)** el calor de esta ciudad en agosto.	*Nobody can stand the heat of this city in August.*
¿Cómo **aguantas** vivir en este barrio, Pablo?	*How can you stand to live in this neighborhood, Pablo?*

IO

sensible	sensitive
sensitivo	sensitive
sensato	sensible

Spanish **sensible** is a false cognate — it renders not as *sensible* but as *sensitive* in English. **Sensato** translates into English as *sensible*, i.e., *having good or common sense*. **Sensitivo** usually means *very sensitive* in Spanish, but it is less common.

Joaquín es excesivamente **sensible** a los ruidos de la calle.	*Joaquín is overly sensitive to the noises from the street.*
Tu hijo es muy **sensato,** Carmen.	*Your son is very sensible, Carmen.*
Todas las plantas son **sensibles** a la luz.	*All plants are sensitive to light.*
Estas plantas son muy **sensibles (sensitivas)** a la luz.	*These plants are very sensitive to light.*

II

la tasa	rate, level
el índice	index, rate
el tipo	rate (of interest, exchange)
la tarifa	rate, cost
el paso	rate, pace

A common meaning of **tasa** is *rate,* in the sense of *standard of measurement.* **Tasa** is often used in measuring things economic, demographic, etc. In this sense, it is a partial synonym of **índice,** *index.* **Tipo** commonly refers to interest rates and foreign exchange. **Tarifa** also indicates *rate* but in the sense of the cost of services like the telephone, post office, etc. Finally, **paso** often renders *rate* when it means *the speed* or *pace* at which something is done.

El economista quiere acelerar la **tasa** de crecimiento económico.	*The economist wants to speed up the rate of economic growth.*
Ha bajado la **tasa** de natalidad y ha subido la **tasa** de divorcio.	*The birth rate has gone down and the divorce rate has gone up.*
El **índice** (la **tasa**) de inflación es muy bajo ahora.	*The inflation rate is very low now.*
El **tipo** de interés está subiendo de nuevo.	*The interest rate is rising again.*
El próximo mes volverán a aumentar las **tarifas** postales.	*Next month postal rates will increase again.*
A este **paso** nunca llegaremos.	*At this rate (pace, speed) we'll never get there.*

12

el trabajador	worker, laborer
el obrero	worker, laborer
el operario	worker
el jornalero	(day) laborer
la plantilla	work force, staff, personnel
la planta	work force, staff, personnel

Trabajador is the standard word for *worker*. In certain contexts, however, **obrero** may replace **trabajador** when referring to a blue-collar worker. **Operario** is often used to refer to a highly-skilled mechanical worker. **Jornalero,** *day laborer,* usually refers to agricultural workers. **Plantilla** (or **planta** in some Spanish-American countries) indicates the total work force of a given organization or enterprise.

General Motors tiene más **trabajadores** que Ford.	*General Motors has more workers than Ford.*
En esta nueva fábrica trabajan más de tres mil **obreros.**	*More that 3,000 workers work in this new factory.*
Los **operarios** de la imprenta han declarado la huelga.	*The workers at the print shop have gone on strike.*
El gobernador encarceló a **jornaleros** cuya única falta era reclamar trabajo.	*The governor jailed workers whose only offense was to demand work.*
Bajó el número de estudiantes matriculados y el director del colegio tuvo que reducir la **plantilla.**	*The number of enrolled students went down and the principal of the school had to reduce the staff.*

13

el trabajo	work, job
el empleo	job, employment
el puesto de trabajo	job, position

Empleo is *job* in the general sense of employment, whereas **trabajo** refers to a specific thing we do. **Puesto de trabajo** renders *job* in a business or economic context.

En el **empleo** siempre usamos uniforme.	*On the job, we always wear a uniform.*
Me han ofrecido otro empleo **(trabajo).**	*They have offered me another job.*
La apertura de la nueva fábrica ha añadido quinientos **puestos de trabajo.**	*The opening of the new factory has added 500 more jobs.*

14

el capital	capital (wealth)
la capital	capital (city)
el capitolio	capitol (building)

In Spanish, gender determines whether **capital** refers to money available for investment or to the principal administrative city of a country, state, etc. The English word *capitol,* the building where legislative bodies convene, is **capitolio** in Spanish.

Los dos factores en la producción de la riqueza son el trabajo y el **capital.**	*The two factors in the production of wealth are labor and capital.*
A fines del siglo XVIII, la **capital** del país era Filadelfia.	*At the end of the 18th century the capital of the country was Philadelphia.*
Los manifestantes quemaron la bandera nacional ante el **capitolio.**	*The protestors burned the national flag in front of the capitol (building).*

Ejercicios

Comprensión de la lectura

De las cuatro respuestas que se indican para cada pregunta, seleccione Ud. la correcta de acuerdo con el ensayo. También indique brevemente por qué las otras opciones son incorrectas.

1. Según el ensayo, se puede afirmar con respecto a las personas sumamente ricas que _____.
   a. no suelen ser muy inteligentes
   b. tienen demasiada influencia en la sociedad
   c. son respetadas por lo que saben
   d. han heredado su fortuna

2. Se puede deducir del ensayo que en general se protegen mejor contra la inflación _____.
   a. los que están jubilados
   b. las personas que consumen más artículos de primera necesidad
   c. las personas que tienen inversiones y propiedades
   d. los que tienen trabajo fijo y ganan un salario normal

3. Se puede deducir del ensayo que durante la hiperinflación alemana de los años 1922 y 1923 _____.
   a. sólo era posible comprar cosas con cestas llenas de dinero
   b. era necesario aumentar mucho la producción industrial
   c. no se encontraba comida en ninguna parte
   d. los ciudadanos perdieron la confianza en el gobierno

4. Según el ensayo, el desempleo estructural _____.
   a. es menos permanente que el desempleo general
   b. afecta a todas las industrias de un país
   c. sólo afecta a ciertas industrias
   d. no ha afectado a los países escandinavos

La palabra adecuada

A. Para cada frase que sigue, elija Ud. la palabra o expresión que complete mejor el sentido.

1. En su novela el autor llama la atención sobre las terribles condiciones de vida de los _____ del campo.
   a. obreros
   b. operarios
   c. jornaleros

2. Quisiera cambiar dólares por francos suizos y necesito saber cuál es _____ de cambio de esta mañana.
   a. el tipo
   b. el paso
   c. la tarifa

3. Arturo es _____ a la luz del sol y siempre lleva gafas oscuras.
   a. sensitivo
   b. sensible
   c. sensato

4. Juanita tiene una enfermedad muy grave pero los médicos la van a _____.
   a. sanear
   b. sanar
   c. curar

B. De acuerdo con las notas de **Expansión de vocabulario,** utilice la palabra o expresión que complete mejor el sentido de cada frase. En algunos casos puede haber más de una palabra apropiada.

1. Las compañías de seguros tienen gran parte de su (no use dinero) _____ invertido en bienes raíces.

2. Hace tres años que Genaro trabaja en el banco como ayudante del presidente sin que le hayan subido el _____.

3. Hay que crear empleos en cantidad suficiente como para reducir el número de _____.

4. Isabel no _____ el frío de Chicago tan bien como su hermana.

C. Complete las frases que siguen, escogiendo las palabras que mejor correspondan al sentido, modificándolas gramaticalmente siempre que sea necesario. No use ninguna palabra más de una vez.

salario	empleo	nivel de vida	simple
dinero	aguantar	jubilarse	plata
tasa	sanitario	curar	sanar
sanear	desempleo	tarifa	sensible

1. Al perder su _____, Pedro perdió también el excelente seguro _____ que tenía.

2. El país puede experimentar un más alto _____ cuando el Congreso apruebe un aumento en el _____ mínimo.

3. María no podía _____ el olor del lago contaminado y quería que el gobierno _____ el lago en seguida.

4. David trabajó muchos años para la misma empresa antes de _____, y ahora se queja de que la alta _____ de inflación esté mermando su pensión.

Preguntas textuales

1. Defina Ud. en términos sencillos qué es el dinero. Indique las diferentes clases de dinero que conozca.

2. Defina Ud. con sus propias palabras qué es la inflación. Indique si se está viviendo ahora en un período de inflación o no.

3. ¿Qué es el desempleo y cuáles son algunas de sus causas?

Tareas complementarias

A. Los alumnos deberán traer la cotización de las monedas hispanoamericanas y familiarizarse antes de la clase con el nombre y el valor de la moneda perteneciente al país que elijan. La clase se dividirá en grupos representando cada país de América, o los más importantes, inclusive los Estados Unidos y el Canadá, para discutir la creación de una moneda única similar al Euro europeo. Se dará nombre a esa moneda y se establecerá su valor en dólares. Los representantes de los distintos países hablarán de las ventajas y desventajas económicas que producirá el remplazo de las monedas nacionales por esa unidad monetaria general.

B. Componer colectivamente la descripción de un empleo, incluyendo el perfil psicológico del candidato o candidata ideal y las aptitudes requeridas. Un grupo de estudiantes redactará el *resumé* o

currículum para solicitar ese empleo, y otro grupo estará encargado de la selección de los mejores solicitantes. Tener en cuenta los
avances tecnológicos y la necesidad futura de especializaciones en
áreas hoy poco desarrolladas. Establecer un salario razonable y
los beneficios que el trabajador obtendrá de la empresa.

C. Convertir la clase en la cámara de representantes o el senado para
discutir un proyecto de ley por el que se permita el ingreso tempo-
rario de trabajadores extranjeros a los Estados Unidos en los casos en que se necesite mano de obra. Aludir a las causas que
justifican o no esa ley, a la experiencia previa de los Estados Unidos en ese sentido, a las organizaciones de trabajadores rurales y
sus conflictos, a la explotación económica de esos obreros tempo-
rarios, a los perjuicios que se causarán a las minorías locales, a
los problemas sociales que esa inmigración acarrearía.

D. Cada alumno deberá proponer, con razones concretas, las modificaciones al seguro de desempleo (o de seguridad social) que a su
juicio sean más convenientes para la estabilidad económica y social del país. Puede argumentarse en favor o en contra de las propuestas. Sería conveniente ilustrar con casos reales, con la
experiencia del estudiante y de su familia, considerando las futuras aspiraciones de cada estudiante. Deben tenerse muy en cuenta
las consecuencias económicas que esas modificaciones produci-
rían.

3 El estrés y sus consecuencias

I. Prelectura

Ejercicios para despertar ideas en la clase anterior a la lectura.

Palabras útiles

aliviar	to relieve
el síntoma	symptom
estar inseguro	to be insecure
la pastilla	pill
sentirse nervioso, tenso	to feel nervous, tense
sudar	to sweat
superar	to overcome
tener miedo	to be afraid

Preguntas preliminares

1. ¿Qué remedios son comunes entre los estudiantes para aliviar el estrés o la tensión? ¿Son eficaces o sólo crean la ilusión de aliviar tensiones? (**Sugerencias:** vitaminas, alcohol, tabaco, drogas, ejercicios físicos, yoga, etc.)

2. ¿Qué es lo que produce más estrés o tensión en la vida de los estudiantes? (**Sugerencias:** estudios, exámenes, dificultades económicas, problemática amorosa, situaciones familiares, futuro incierto).

II. Lectura

Todo ser humano, desde el presidente de una nación hasta el más humilde obrero, está sometido° en su vida diaria a situaciones que causan tensión o, para **usar**[1] la palabra técnica de origen inglés que se emplea también en español, que producen **estrés**[2]. Se puede definir el estrés como la reacción fisiológica del cuerpo ante situaciones difíciles, inesperadas, conflictivas, frustrantes o meramente distintas de las normales. Como estas tensiones no son nuevas, podemos afirmar que el estrés ha formado parte siempre de la existencia humana. En el siglo XX, sobre todo en el período que va desde el fin de la Segunda Guerra Mundial, la estructura de la vida ha cambiado radicalmente. En muchos países como los Estados Unidos y el Japón, por ejemplo, el ritmo de la vida **se ha hecho**[3] mucho más rápido y la vida misma está más sujeta a cambios y a una constante competencia°. Por todas estas razones, ciertos psicólogos han bautizado° el período en que vivimos como "la época de la ansiedad".

is subject to

competition
baptized, named

El doctor Hans Selye, un distinguido científico que dedicó su vida a estudiar el estrés, afirma que no se trata simplemente de una tensión nerviosa cualquiera, como lo creen equivocadamente las muchas personas que usan la palabra sin mayor precisión. El doctor Selye asegura que el cuerpo humano tiene una gran capacidad de adaptación a las exigencias° de la vida. Casi cualquier actividad humana produce cierto grado de estrés, pero sus consecuencias no son normalmente **perjudiciales**[4]. Hasta situaciones que nos resultan placenteras° pueden causar estrés, igual que las que nos **disgustan**[5].

demands

pleasing, pleasant

El estrés sólo se vuelve peligroso cuando las presiones que se le imponen al cuerpo exceden su capacidad de adaptación. El mecanismo de adaptación consiste en la producción de ciertas hormonas como la adrenalina y otros esteroides. Con el aumento de esa producción, el organismo se torna más resistente y adquiere mayor energía para poder **afrontar**[6] los impulsos exteriores y las exigencias inusuales.

Para sobrevivir durante su larga evolución, el ser humano ha desarrollado ese sistema de defensa contra el ambiente hostil que lo rodea. Por eso, al encontrarse en presencia de un peligro, el cuerpo produce automáticamente más adrenalina. Esa hormona hace a la persona más sensible a las incitaciones externas, pero también le **proporciona**[7] más fuerza y habilidad para confrontar el peligro.

El ser humano conserva todavía hoy ese antiguo mecanismo. El cuerpo sigue respondiendo del mismo modo ante las situaciones tensas o difíciles, aunque ya raras veces constituyen casos de vida o muerte como en épocas remotas. Por lo general, las tensiones de la vida contemporánea derivan de otras fuentes° y están más conectadas con el trabajo diario, la vida familiar y los altibajos° de las relaciones afectivas°.

sources
ups and downs
emotional

La adrenalina hace subir rápidamente, aunque por períodos limitados, el pulso y la presión sanguínea°. En ciertas personas genéticamente vulnerables, esta presión excesiva puede causar **hipertensión**[8]. Conviene destacar sin embargo un dato fundamental: el estrés no es en sí perjudicial. Como hemos visto, es una reacción espontánea, normal y positiva del organismo. El estrés nos ayuda a terminar un proyecto a tiempo y a hacer las cosas de mejor modo. Si no tuviéramos cierta tensión o estrés en la vida, ésta nos parecería aburrida y carente° de estímulo.

blood pressure

lacking

Además de ese estrés positivo, existe el estrés negativo que produce las úlceras, los **ataques al corazón** y los **derrames cerebrales**[9]. Este es el estrés que nos causa tanta fatiga y debilita el sistema defensivo del cuerpo, dejándolo vulnerable a toda clase de enfermedades.

Para manejar el estrés, importa primero distinguir entre dos tipos fundamentales: el primario y el secundario. El estrés primario es el resultado de circunstancias que no podemos evitar ni controlar tales como la situación política mundial, la economía nacional, los desastres naturales, la muerte de un familiar o amigo. Estas situaciones nos afectan a todos y crean estrés, pero ciertas personas se adaptan a ellas mejor que otras. El estrés secundario es producido por nosotros mismos cuando en vez de aceptar esas situaciones y adaptarnos a ellas, reaccionamos excesivamente. Ocurre ello también ante los problemas más corrientes de la vida diaria. Aunque no podemos eliminar el estrés primario, podemos reducir enormemente el secundario, cambiando nuestro modo de reaccionar.

Los estudiosos del estrés han observado que las víctimas del estrés secundario comparten ciertas características que son la clave de su problema. En general, tienen una idea exagerada sobre la importancia de su trabajo. Suelen exagerar también la dimensión de los problemas y obstáculos que confrontan, e inflan° los pequeños incidentes desagradables fuera de toda proporción. Por lo general, no gozan de buenas relaciones con los compañeros de trabajo y no saben descansar bien ni relajar la mente o el cuerpo. La solución de esos problemas no es fácil, ya que implica cambiar esas actitudes y modificar fundamentalmente la conducta°.

they inflate, exaggerate

behavior

Pero para iniciar cualquier cambio de conducta, debemos identificar primero el grado de estrés que estamos sufriendo. Por fortuna, hay una serie de síntomas que lo indican. Entre los más corrientes figuran los siguientes: el individuo se vuelve más irritable; experimenta una aceleración del ritmo cardíaco, una subida de la tensión arterial; suele perder el apetito, padecer trastornos° intestinales o úlceras; puede sentir dolores de espalda o de cabeza; puede también padecer de insomnio, adquirir "tics" nerviosos y volverse más propenso° a los accidentes. Es frecuente que para escapar de los problemas esa persona tome bebidas alcohólicas en exceso y recurra a píldoras tranquili-

upsets, disturbances
prone

zadoras. La presencia conjunta de varios de estos síntomas puede indicar un estrés grave y la necesidad de un cambio de actitud ante la vida en general.

Entre las medidas que se suelen **aconsejar**[10] como útiles para reducir el estrés (a las que se pueden **añadir**[11] otras) figuran:

(1) La práctica regular de un deporte que no implique competencia con otra persona. Las actividades como la natación°, el caminar y el andar en bicicleta son ejercicios recomendables. Mantenerse en buen estado físico en general beneficia también la salud mental y reduce el estrés.   *swimming*

(2) Seguir un régimen° de alimentación sano. Esto implica un régimen equilibrado y, entre otras cosas, evitar comidas fritas y muy saladas y consumir dulces, alcohol y café sólo en cantidades moderadas.   *diet*

(3) Aprender a distender° los músculos y a sosegar° la mente. Para ello hay técnicas útiles que incluyen desde la respiración profunda hasta la meditación. Son recomendables también los breves descansos después de períodos de trabajo intenso, en lugar de las largas y a veces **agotadoras**[12] vacaciones.   *to relax, to calm*

(4) No usar drogas, bebidas alcohólicas ni tabaco para controlar la ansiedad u otros síntomas del estrés. Además de crear una posible dependencia, esas sustancias, en lugar de resolver la situación, a la larga° la complican.   *in the long run*

(5) Resolver inteligentemente los problemas generados por nuestro trabajo diario, aprendiendo sobre todo a manejar bien nuestro tiempo. Establecer un orden de prioridades; planificar; realizar cada actividad en un tiempo adecuado y un **plazo**[13] razonable.

En resumen, debemos adoptar una actitud positiva hacia la vida en general y hacia nuestra vida personal. Esto significa ajustarnos a las situaciones que no podemos cambiar y dedicarnos a cambiar lo que es modificable. Tenemos que expresar también nuestro **enfado**[14] y nuestras frustraciones de un modo directo y constructivo. En momentos de aguda crisis personal será útil consultar a un psicólogo para que nos ayude a situar los problemas con una perspectiva más amplia y objetiva. Si logramos reducir y controlar el estrés, podremos gozar más plenamente de las pequeñas delicias de la vida que contribuyen al bienestar del ser humano y que tantas veces se dejan de lado por la prisa y la ansiedad que caracterizan nuestra vida contemporánea.

*E*xpansión de vocabulario

1

usar	to use
utilizar	to utilize, to use
emplear	to employ, to use
gastar	to spend, to use

Usar, *to use or to make use of,* has a number of synonyms in Spanish. One of them, **utilizar,** is used more than its English cognate *to utilize* and sometimes emphasizes the use of something to good advantage or for a specific purpose. **Emplear,** in addition to meaning *to employ* or *to hire,* is also the most common synonym of **usar.** The two verbs are often used with little appreciable difference in meaning. **Gastar,** too, is *to use,* but mostly for something that is consumed, used up, or wears out; it is especially common in colloquial speech.

Diana me dejó **usar** (**emplear**) sus libros.	*Diana let me use her books.*
En su artículo sobre la poesía, el autor **usa** (**emplea, utiliza**) un lenguaje llano y atractivo.	*In his article on poetry, the author uses a simple and attractive language.*
Debes **utilizar** mejor la inteligencia.	*You should use your intelligence more wisely.*
Con el riego, siempre se **gasta** más agua en verano.	*With irrigation, we always use more water in the summer.*
Como soy diabético, **gastamos** poco azúcar en esta casa.	*Since I'm diabetic, we use very little sugar in this house.*

2

el estrés	stress
la tensión	tension, strain; stress
tenso	tense, tight

English *stress,* in its medical sense of the body's physiological response to stimuli and challenges, has, in its Spanish adapted form, **estrés,** become part of the Spanish lexicon. The use of the word **estrés** has even been sanctioned by the Spanish Academy. Nonetheless, some native speakers of Spanish use the English loanword *stress* in preference to **estrés,** and it is especially common in medical language and newspaper and magazine reports. The traditional Spanish word **tensión** is used for **estrés** more in Latin America than in Spain, especially in its older, nonmedical meaning of *anxiety, nervous strain, common tension.*

Si aprendes a prevenir los efectos del **estrés,** mejorará tu salud.	*If you learn to avoid the effects of stress, your health will improve.*
El conducir en la autopista produce mucha **tensión.**	*Driving on the freeway makes one very tense (is very stressful).*

3

hacerse	to become
ponerse	to become
volverse	to become
tornarse	to become
quedar(se)	to become

The English verb *to become* has numerous translation equivalents in Spanish, including the five listed above. **Ponerse** is followed only by an adjective, and **volverse** is normally followed by an adjective also. The other reflexive verbs can be followed by either an adjective or noun. **Hacerse,** when referring to people, often implies change resulting from a voluntary or conscious effort. It can also imply a nonvoluntary but natural process of change. In other cases, **hacerse,** when refering to persons, things or situations, indicates a normal transition from one state to another. **Ponerse** is used to indicate an emotional state or a change in appearance of either people or things. **Volverse,** used mostly with adjectives, stresses the unexpectedness, suddenness, violence, or radical nature of the change that has taken place. **Tornarse** is little used in everyday speech; it is a common literary synonym of **ponerse** and **volverse.** Finally, **quedar** (or **quedarse**), followed by an adjective or a noun, renders *to become* when referring to a state involving loss or deprivation.

El ateo prometió **hacerse** cristiano.	*The atheist promised to become a Christian.*
Me hacía viejo y no quería reconocerlo.	*I was becoming (growing) old and didn't want to admit it.*
En Los Angeles el tránsito **se hace** cada vez más intenso.	*In Los Angeles the traffic is getting heavier all the time.*
El día **se ha puesto** feo.	*The day has become (turned) unpleasant.*
¿Por qué **te has puesto** tan triste?	*Why have you become so sad?*
¿Por qué **te has vuelto** de repente tan triste?	*Why have you suddenly become so sad.*
Su hija **está poniéndose** (**volviéndose**) hermosísima.	*His daughter is becoming very beautiful.*
Nos hemos vuelto locos o tontos.	*We have become either crazy or stupid.*
El viejo profesor **se volvió** más indulgente con sus estudiantes.	*The old professor became more indulgent with his students.*
La temperatura **se tornó** muy fría.	*The temperature became very cold.*
Si **me quedo ciego,** no sé qué haré.	*If I become (go) blind, I don't know what I'll do.*
Cuando **quedó** viuda, decidió ir a vivir a París.	*When she became (was left) a widow, she decided to live in Paris.*

4

perjudicial	harmful, injurious
el perjuicio	harm, injury, damage
perjudicar	to harm, to damage
el daño	harm, damage
dañoso, dañino	harmful, injurious
dañar (hacer daño)	to damage, to hurt
lastimar	to hurt
la lesión	injury
lesionar	to injure
la lisiadura	injury
lisiar	to injure

Perjudicial and related words tend to replace **dañoso** and related expressions in written Spanish and in the speech of educated persons when referring to damage that is not material in nature, although **perjudicial** may also refer to material damage. The adjective **dañino** is most often used for animals, insects, and plants that are harmful to the interests of people. **Dañoso** is used in most other cases. *To hurt* or *to injure oneself* is **dañarse** or **hacerse daño,** although **lastimarse** is often used when the hurt is of little consequence. In some Spanish-American countries, however, **lastimar** replaces **dañarse (hacerse daño)** in almost all contexts. *To injure* or *to hurt* the body in any kind of accident is almost always **lesionar. Lisiar** is also *to injure* accidentally. It is less common than **lesionar** since it suggests a permanent injury which results in the loss of an organ, a limb, or their use.

El uso excesivo de sal es **per-judicial** para la salud.	*The excessive use of salt is harmful to one's health.*
La humedad me **perjudica** por la artritis.	*The humidity hurts me because of my arthritis.*
Una bomba estalló en el hotel, causando **daños** materiales en la planta baja.	*A bomb went off in the hotel, causing physical damage on the ground floor.*
Se ha dañado (perjudicado) la cosecha debido al granizo.	*The crop was damaged because of the hail.*
Algunos agricultores creen que el coyote es un animal **dañino.**	*Some farmers believe the coyote is a harmful (destructive) animal.*
Esta película es **dañosa** para los jóvenes.	*This film is harmful for young people.*
Marcela **se ha hecho daño (se ha lastimado)** en la rodilla.	*Marcela has hurt her knee.*
Fue gravemente **lesionado (a)** en el accidente ferroviario.	*He (she) was seriously injured in the train accident.*

5

disgustar	to displease
el disgusto	displeasure, annoyance
dar asco	to disgust, to be loathesome to
el asco	disgust, loathing
asqueroso	disgusting

Disgustar is a false cognate of English *to disgust.* It is the antonym or opposite of **gustar,** *to please.* **Disgustar** is thus a synonym of **desagradar** and **molestar,** to displease. English *to disgust* is **dar asco** in Spanish.

Me **disgusta** el olor del tabaco.	*I dislike the smell of tobacco.*
Me **da asco** el olor del tabaco.	*The smell of tobacco disgusts me.*
Le **tengo mucho asco** a ese hombre y no lo puedo remediar.	*I find that man disgusting and I can't help it.*
Ese criminal es un personaje verdaderamente **asqueroso.**	*This criminal is a truly disgusting character.*

6

afrontar	to face, to confront
confrontar	to confront, to face
enfrentar	to confront, to face
arrostrar	to face

The first three verbs indicate *to confront* or *to come face to face with.* In Spanish, **enfrentar** and **confrontar** are common in the reflexive form, followed by the preposition **con. Arrostrar** is a literary synonym of the verbs above in their meaning of *to face* (a danger).

Después de la revolución, el país **se enfrenta (confronta) con** enormes problemas.	*After the revolution, the country faces (confronts) enormous problems.*
Los mineros de carbón **arrostran (afrontan)** el peligro diariamente.	*Coal miners face danger every day.*

7

proporcionar	to provide, to furnish, to supply
proveer	to provide, to furnish, to supply
suministrar	to provide, to supply
abastecer	to supply, to provide
surtir	to provide, to furnish; to stock
suplir	to replace; to supplement

Just as English *to provide, to furnish,* and *to supply* overlap in meaning, so do their Spanish equivalents. Nonetheless, it is possible to distinguish the verbs in several of their uses, even though they are often used with little differentiation. **Proporcionar** is probably the most frequently used of the verbs above, since it alone refers to the making available of both that which is tangible and intangible.

Proveer is used most often with necessities such as foodstuffs and clothing. It is followed by the preposition **del Suministrar,** a close synonym of **proveer,** also suggests supplying necessities, but often to a large number of persons. **Abastecer** implies the supplying of large quantities or amounts of something (water, fuel, food, etc.) to cities, large organizations, armies, governments, etc. **Surtir** is often used for supplying something to a single individual. **Surtir** is also followed by **de.** Finally, **suplir** is a false cognate of English *to supply*; it means instead *to supplement* something or *to replace* someone who is absent.

La guía **proporciona** datos sobre los hoteles.	*The guidebook provides facts (information) about hotels.*
Esta medicina sólo te **proporcionará** un breve alivio.	*This medicine will provide you with only brief relief.*
El gobierno tiene la obligación de **proporcionar** alimento y trabajo a su población.	*The government has the obligation to provide its population with food and jobs.*
Los agricultores nos **proveen** de las verduras que comemos.	*The farmers provide (supply) us with the vegetables we eat.*
Mis padres me **han provisto** de ropa y libros.	*My parents have provided me with clothes and books.*
Nuestro gobierno **suministra** armas a los rebeldes.	*Our government supplies (provides) the rebels with arms.*
El general lanzó un ejército bien **abastecido** sobre aquella ciudad.	*The general threw a well-supplied army against that city.*
La agricultura japonesa no consigue **abastecer** las necesidades de su población.	*Japanese agriculture can't manage to provide for the needs of its population.*
Esa compañía nos **surte (provee)** de carbón y leña en invierno.	*That company supplies us with coal and firewood in the winter.*
¿Quién te **suplió** en la escuela cuando estabas enfermo?	*Who replaced you at school when you were sick?*

8

la hipertensión	hypertension
la tensión (arterial) alta	high blood pressure
la presión (arterial) alta	high blood pressure

Hipertensión, the medical term for abnormally high blood pressure, is usually replaced by **tensión (presión) alta** or **tensión (presión) arterial alta** in normal conversation. Some native speakers use also **tensión de la sangre** for *blood pressure.*

Mi hermano tiene que tomar una medicina para controlar la **hipertensión.**

My brother has to take medication to control his hypertension (high blood pressure).

Me dice el médico que tengo la **tensión (presión) baja.**

My doctor tells me that I have low blood pressure.

9

el ataque al corazón heart attack
el derrame (cerebral) stroke, cerebral hemorrhage
el infarto (de miocardio) coronary occlusion, blockage

Spanish renders *heart attack* as an attack *on* or *against* the heart. Thus the preposition required is **a** and not the **de** English-speaking students tend to use. A common synonym of **ataque al corazón** is **ataque cardíaco.** *Stroke,* in the medical sense of damage caused by rupture or blockage of a blood vessel in the brain, is most often **derrame,** literally *spilling* or *pouring* of blood as caused by a *hemorrhage.* **Derrame** is usually rendered without the adjective **cerebral,** although it is sometimes included in medical language or for the sake of precision. **Infarto (de miocardio)** indicates one very common cause of heart attack: a *coronary occlusion.* It is a rather common term in the language of educated speakers and is also often found in newspaper and other media reports.

Mi abuela sufría de **hipertensión** y murió de un **derrame.**

My grandmother suffered from hypertension and died of a stroke.

10

aconsejar to advise
el consejero adviser
el consejo advice
asesorar to advise
el asesor adviser
el asesoramiento advice, advising

Aconsejar means *to advise* in the common sense of counseling someone and attempting to persuade him or her about something. **Asesorar,** however, indicates *to advise* in the more restricted meaning of providing information or expertise on a particular subject.

El señor Sepúlveda es el **consejero** personal del presidente.	*Mr. Sepúlveda is the president's personal adviser.*
La profesora actúa como **asesora** económica del presidente.	*The professor acts as the president's economic adviser.*

I I

añadir	to add
agregar	to add
sumar	to add [up]

The common verb for *to add*, that is, *to join one thing to another so as to increase it*, is **añadir.** When a synonym for **añadir** is needed, **agregar** may be used. Normally, however, **agregar** is more common in written than in spoken Spanish. **Sumar** also means *to add*, but in the sense of *to find the arithmetic sum.*

No he corregido la ortografía pero he **añadido dos o tres** acentos.	*I haven't corrected the spelling, but I have added two or three written accents.*
Tienen que **añadir (agregar)** otro vagón al final del tren.	*They have to add another car at the end of the train.*
Los niños aprenden a **sumar** antes que a restar.	*Children learn how to add before they learn how to subtract.*

I 2

agotado	exhausted
agotar	to wear out, to exhaust, to use up
acabarse	to become exhausted, used up, all gone; to run out.

Agotar means *to use up something totally.* When referring to a person's energy, its reflexive form indicates *to become exhausted or worn out.* With reference to books, **agotar** means *to sell out* or *to go out of print.* **Acabarse** conveys an idea similar to **agotarse,** that is something's becoming used up or running out.

Estoy **agotado** física y mentalmente.	*I'm exhausted (worn out) physically and mentally.*
El libro **se ha agotado.**	*The book is (has gone) out of print.*
Los niños nos **agotan** la paciencia.	*The children exhaust our patience.*
Se acabó todo el azúcar que había en el armario.	*All the sugar that was in the cupboard was used up.*
Lo siento, señor, pero **se** nos **acabó** el pescado.	*I'm sorry, sir, but we ran out of fish (the fish is all gone).*

I 3

el plazo	period (of time), term, time limit, installment
comprar (pagar) a plazos	to buy (pay) in installments
aplazar	to postpone, to put off
la plaza	place; plaza

Inherent in all of the meanings of **plazo** is the idea of a maximum period of time or deadline for a specified task. In the plural, **a plazos** indicates the regular periodical payment of installments for a purchase. **Plaza,** in adition to its well-known meaning of *plaza* or *square,* also means *the place, space,* or *seat* that a person can occupy.

En breve **plazo,** ese señor será nuestro presidente.

In a short time, that man will be our president.

¿Compraste el coche al contado o **a plazos**?

Did you buy the car for cash or on the installment plan?

Estamos pagando los muebles en cómodos **plazos** mensuales.

We are paying for the furniture in convenient monthly installments.

Sólo quedan cuatro **plazas** en el autobús para la excursión de esta tarde.

There are only four seats (places) left on the bus for this afternoon's excursion.

El **plazo** para solicitar la **plaza** vacante de secretario es el 6 de junio.

The deadline (final date) to apply for the vacant position of secretary is June 6.

El juicio **ha sido aplazado** hasta febrero.

The trial (decision) has been postponed until February.

14

el enfado	anger, annoyance
enfadar	to anger, to annoy
el enojo	anger, annoyance
enojar	to anger, to annoy
la cólera	anger, rage

Altough **enfado (enfadar)** and **enojo (enojar)** are often used with little appreciable difference in meaning, some native speakers of Spanish prefer **enfadar** for expressing a less serious or more superficial kind of anger or annoyance. For them, **enojar** implies a deeper or longer-lasting anger. There also exist regional preferences for one verb or the other. **Cólera,** of course, indicates *rage* or a violent kind of anger.

Su poca seriedad me **enfada** un poco.	*His (her) lack of seriousness annoys me (bothers me) a bit.*
Lo que han hecho me **ha enfadado (enojado)** mucho.	*What they have done has angered me very much.*
Cuando critiqué a su hijo, **se enojó** conmigo.	*When I criticized his (her) son, he (she) became angry with me.*
Cuando le chocaron el auto, ella manifestó su **cólera** insultando al conductor.	*When they hit her car, she showed her anger by cursing at the driver.*

Ejercicios

Comprensión de la lectura

De las cuatro respuestas que se indican para cada pregunta, seleccione Ud. la correcta, de acuerdo con el ensayo. También indique brevemente por qué las otras opciones son incorrectas.

1. Científicamente, el estrés es una especie de _____.
   a. tensión nerviosa
   b. reacción psicológica
   c. reacción fisiológica
   d. ansiedad profunda

2. La hipertensión puede considerarse _____.
   a. una especie de estrés positivo
   b. consecuencia de la falta de adrenalina
   c. condición típica de personas nerviosas
   d. una grave amenaza para la salud

3. Entre las medidas recomendables para reducir el estrés figuran _____.
   a. no consumir nada de alcohol o de café
   b. practicar un deporte como el boxeo
   c. tomar píldoras tranquilizantes
   d. participar en actividades como la natación

4. Lo más importante para reducir el estrés es _____.
   a. establecer un orden de prioridades cada día
   b. tener hacia la vida una actitud abierta y flexible
   c. consultar con un psicólogo de vez en cuando
   d. ser moderado en todo lo que hacemos y comemos

La palabra adecuada

A. Para cada frase que sigue, elija Ud. la palabra o expresión que complete mejor el sentido.

1. El dormilón de Gabriel se ha _____ muy madrugador este verano.
   a. puesto
   b. vuelto
   c. hecho
   d. quedado

2. La ciencia médica ha _____ grandes servicios a la humanidad.
   a. abastecido
   b. suministrado
   c. suplido
   d. proporcionado

3. El cierre de todas las fábricas textiles causó importantes _____ a los obreros.
   a. daños
   b. perjuicios
   b. lesiones
   d. lisiaduras

4. Los coches japoneses suelen _____ menos gasolina que los coches americanos.
   a. utilizar
   b. emplear
   c. gastar
   d. agotar

B. De acuerdo con las notas de **Expansión de vocabulario,** utilice la palabra o expresión que complete mejor el sentido de cada frase. En algunos casos puede haber más de una palabra apropiada.

1. Vamos a pagar la lavadora y la secadora en 20 _____ de 50 dólares cada uno.

2. Yo quería _____ algunos detalles importantes a lo que Eduardo dijo sobre la guerra, pero no pude porque no había tiempo.

3. Alberto tiene un genio terrible y siempre _____ por nada con la gente a su alrededor.

4. En la fiesta _____ las hamburguesas y algunas personas se quedaron sin comer.

C. Complete las frases que siguen, escogiendo las palabras que mejor correspondan al sentido, modificándolas gramaticalmente siempre que sea necesario. No use ninguna palabra más de una vez.

perjudicar	moverse	dañar
proveer	disgustar	presión arterial
enojar	afrontar	agotar
derrame	dar asco	tornarse

1. Me _____ con razón, ya que no _____ las responsabilidades de tu oficio.

2. La presencia de Pedro me _____ y su manera de comer me _____.

3. Cuídate y vigila tu _____ antes de que se te _____ el corazón.

4. Mi pobre prima ha _____ la herencia y carece de tantas cosas que ahora tengo que _____ le de lo más necesario.

Preguntas textuales

1. ¿Cuándo se vuelve el estrés peligroso para la salud?

2. ¿Qué sistemas del cuerpo se perjudican con la hipertensión causada por el estrés?

3. Indique algunas características comunes en la personalidad de las víctimas del estrés secundario.

Tareas complementarias

A. Un grupo de alumnos elogiará la vida del campo por la tranquilidad y la falta de tensiones propias de la ciudad. Otros grupos opinarán en contra de esa opinión por considerarla falsa. Para ellos, el campesino vive con más estrés que el habitante urbano debido a la inseguridad del clima (las lluvias torrenciales, la sequía, el granizo, los tornados), las oscilaciones de la bolsa y la baja de valores en la producción agraria, las enfermedades del ganado, las pestes características de los cultivos (sean cereales, vides o frutales, etc.)

B. El ensayo indica los cambios psicológicos y por consiguiente de conducta individual que pueden ayudar a resolver, o al menos a reducir, el problema del estrés. Pero como muchas causas provienen de nuestro sistema social, discútanse los cambios sociales que pueden tener más éxito en reducir el estrés que los cambios individuales. Al imaginar una sociedad con menos estrés que la actual, los estudiantes discutirán, de acuerdo con sus orientaciones profesionales, no sólo la filosofía colectiva, sino también aspectos más concretos como la economía capitalista, la competencia excesiva y el exagerado individualismo. Cada uno de esos aspectos puede ser defendido o atacado por diferentes grupos de alumnos.

C. Que cada uno cuente un episodio real o imaginario de su vida o de la vida de otras personas que haya producido un fuerte y dañoso estrés. Se indicarán las causas de ese estrés y sus efectos concretos. Se expondrá cómo ha sido superada esa situación y qué actitud distinta podría haber evitado las consecuencias.

D. Distintos alumnos describirán las profesiones o trabajos que a su juicio produzcan mayor o menor estrés. En todos los casos, indicarán las causas de la tensión y sus consecuencias.

4 El alcohol y las drogas

I. Prelectura

Ejercicios para despertar ideas en la clase anterior a la lectura.

Palabras útiles

advertencia	warning
aprisionar	to imprison
borracho	drunk
consumir	to use, to consume (tobacco, alcohol, drugs)
hoy en día	nowadays
perjudicar la salud	to damage (hurt) one's health
perjudicial	harmful
romper el hábito	to break the habit
tratar	to treat

Preguntas preliminares

1. ¿Por qué empiezan a fumar hoy tantos jóvenes cuando conocemos muy bien los efectos perjudiciales del tabaco? (**Sugerencias:** no creer en las advertencias sobre la salud; tener
   padres que fuman; influencia de los anuncios publicitarios de
   cigarrillos; presión social de los compañeros; el fumar parece
   "sexy"; necesidad de relajación, etc.)

2. ¿A qué edad debe permitírseles a los jóvenes el consumo de bebidas alcohólicas, y por qué? (**Sugerencias:** no establecer límite alguno de edad; fijar ese límite en los dieciséis, dieciocho, veintiún años; a la misma edad que se requiere para votar; a la edad en que los jóvenes pueden casarse sin consentimiento paterno; cuando se tiene bastante madurez y responsabilidad, etc.)

II. Lectura

El alcohol y las **drogas**[1] generan en los seres humanos un complejo fenómeno biológico conocido como adicción o dependencia. El término **adicción** es demasiado genérico y se aplica a cualquier hábito vinculado con° la **ingerencia**[2] de substancias nocivas. Estas crean en los consumidores una fuerte dependencia física y psicológica cuyo crecimiento requiere el aumento paulatino° de la dosis exigida. Cuando por alguna circunstancia se detiene o se elimina parcialmente la ingerencia de la substancia, ocurren alteraciones físicas que pueden producir desde simples **mareos**[3] hasta el letargo°, la parálisis y a veces la muerte.

linked to

gradual, slow

lethargy

El carácter alucinógeno° del alcohol y de muchas de las drogas explica en parte la importancia antropológica de su uso en las sociedades humanas primitivas. Se han consumido bebidas de contenido alcohólico desde que el hombre prehistórico descubrió que los **jugos**[4] fermentados de ciertas frutas, como la uva, producían esos efectos. Hasta hay evidencia arqueológica que indica que los orígenes del vino se remontan a° diez mil años A.C.° El vino se menciona también en relación con Noé° en el *Antiguo Testamento* y en las tumbas egipcias existen frescos° en los que se representan aspectos de la elaboración del vino.

hallucinogenic (adj)

go back in time, B.C., Noah frescoes, wall paintings

Es sabido que en la Mesopotamia se conocía la cerveza desde hace seis mil años aunque es posible que su descubrimiento sea más antiguo. Igual que el vino, la cerveza se produce por el proceso de la fermentación, no a base de zumos dulces de fruta, sino de **granos de distintos cereales.**[5] La cerveza hoy se produce con malta, que es la cebada° germinada en agua y luego fermentada.

barley

Existen también otros tipos de bebidas alcohólicas no fermentadas. Estas bebidas «espiritosas»°, llamadas licores en español, se obtienen normalmente por destilación de granos aunque a veces se **elaboran**[6] de sustancias tan dispares° como patatas, caña de azúcar y una planta llamada maguey. La fermentación representa una etapa preliminar en ese proceso de destilación. Así se preparan los licores más conocidos como el vodka, la ginebra, el whisky escocés, el tequila y el ron. Estas bebidas destiladas tienen una **graduación**[7] alcohólica mucho más alta que las fermentadas como el vino o la cerveza.

spirituous

dissimilar

Este tipo de bebida produce efectos más graves que el vino, y por eso se ha intentado muchas veces limitar su consumo o gravar° su producción y venta con altos **impuestos**[8].

to encumber

Las drogas se conocen también desde los tiempos prehistóricos. El opio, extraído de las semillas de cierto tipo de amapola°, fue elaborado por primera vez en Asia Menor y pasó de allí tempranamente a Egipto y a Grecia; hay constancias° de que los griegos lo conocen desde el siglo III A.C. En la *Odisea*, Homero se refiere al opio como «la droga que produce sueño y olvido°». Los árabes difundieron° el opio a la India, a la China y luego a Europa; los soldados han utilizado el opio o sus derivados, desde la antigüedad hasta nuestros días, para obtener coraje y soportar las heridas de guerra. En el siglo XVIII, el consumo del opio en China y en los conocidos fumadores°, era tan extendido y tan popular que el gobierno prohibió su elaboración, exportación y venta; pero las grandes potencias europeas que se aprovechaban económicamente de esa nociva práctica, se opusieron de tal modo a la medida gubernamental que hasta originaron un conflicto bélico, la llamada Guerra del Opio, de 1839 a 1842. Como consecuencia, el uso del opio quedó legalizado en la China; los chinos que emigraron a Europa y a América llevaron con ellos el hábito de fumar. Sin embargo, no todo fue tan negativo: el opio, transformado por el físico suizo Paracelso (1494–1541) en una tintura° llamada «láudano», se convirtió desde el siglo XVIII en un remedio contra los dolores físicos, en especial los producidos por el reumatismo y la gota°. Los enfermos se volvían con frecuencia adictos a la droga; muchos de ellos, como el inglés Tomás de Quincey (1785–1859), nos han dejado testimonios escritos de esa experiencia, de esos dolorosos viajes a paraísos artificiales. El hachís° generó en el siglo XIX, en Europa, sobre todo en Francia, una moda intelectual: el Club de los Fumadores de Hachís reunía en París a Víctor Hugo, Honoré de Balzac, Gerard de Nerval, Charles Baudelaire y muchos otros afamados artistas y escritores. La «cultura de las drogas», como se llama hoy a cierta producción musical y pictórica, cuenta, pues, con° famosos antecedentes.

poppy

evidence

forgetfulness, spread

opium den

tincture

gout

hashish

thus has

Los indígenas de Hispanoamérica utilizaban drogas para sus prácticas mágicas y religiosas. Los antiguos mexicanos conocían el peyote que aún hoy se utiliza en poblaciones indígenas para inducir visiones sobrenaturales. Las hojas de la coca, planta que produce la cocaína, fermentadas por la saliva al mascarse°, sirven a los indígenas de los Andes, en Colombia, el Perú, Bolivia y el norte de la Argentina, como un estimulante y un supresor del apetito (droga imprescindible para esos seres víctimas del duro trabajo y de la poca alimentación).

when chewed

Esas prácticas primitivas tan inocentes se ha tornado en la sociedad moderna en una actividad tan peligrosa como lucrativa, que envuelve a toda la sociedad, incluso a los niños integrantes de pandillas° que comercian la droga en las grandes ciudades. En efecto,

gangs

el consumo de drogas ilícitas en los Estados Unidos y en Europa ha aumentado de tal manera que la fabricación y distribución de la cocaína, la heroína y la mariguana se ha convertido en un negocio multimillonario. Desgraciadamente, ciertos países hispanoamericanos aparecen cada vez más envueltos en la producción y comercialización de drogas, especialmente de la cocaína. De acuerdo con informaciones recientes, Colombia produce las tres cuartas partes de la cocaína existente en el mundo y es el país líder en la distribución de ésa y de otras drogas similares. Los campesinos, descendientes de aquellos indígenas que usaban la coca como alivio del frío y del hambre, se sienten con el ancestral derecho de mantener° en las montañas pequeñas plantaciones de coca. Los traficantes les compran la producción y en laboratorios a veces rudimentarios e insalubres° fabrican la cocaína. Una red internacional traslada la droga a los países consumidores, mediante el contrabando, el soborno° de las autoridades encargadas de la vigilancia y la compra de favores políticos en los diferentes países involucrados°. En el caso de ser descubiertos, esos traficantes consiguen, también por soborno, el amparo° de las leyes y la benevolencia de policías y de jueces. Tanto en Colombia como en el Perú, que es también productor de cocaína, el ejército encargado de impedir el tráfico de drogas tiene que vencer grandes dificultades para establecer control en los centros de cultivo y de producción debido a la complicidad de los grupos guerrilleros.

 to keep

 unhealthful

 bribery

 involved
 protection

 El segundo país productor de drogas en Hispanoamérica es Bolivia. En 1996, se erradicó el cultivo de coca y mariguana en 7.500 hectáreas de terreno; en los pocos años transcurridos desde entonces, han vuelto a cultivarse 7.000 hectáreas nuevas. Otros países como Cuba, México, el Paraguay y la Argentina, que no son productores, se han visto también comprometidos en el tránsito de cargamentos y en el contrabando constante; en ellos ha crecido, junto al consumo interno de drogas, la **criminalidad**[9], la indiferencia oficial y la corrupción política.

 Existe una diferencia central entre el consumo del alcohol y el consumo de drogas. El uso moderado de bebidas alcohólicas constituye un rito social aceptable; no existe en cambio aceptación posible del uso moderado de drogas, ya que ésta es la puerta que lleva al descontrol y al delito. El alcohol ingerido moderadamente, según afirman médicos como G.T. Johnson y S.E. Goldfinger, de la Facultad de Medicina de Harvard, puede facilitar la circulación de la sangre en las arterias coronarias. Varios estudios médicos demuestran que los **bebedores**[10] que consumen alcohol regularmente pero con moderación, una **copa**[11] diaria de **vino tinto**[12], por ejemplo, tienen una vida algo más larga que la de las personas abstemias. No puede decirse lo mismo con respecto al consumo de drogas. En este último caso nada hay de beneficioso.

El coste humano de la adición al alcohol y a las drogas es incalculable. El alcohol es la causa de cantidad de accidentes. Cada año, más de 50.000 norteamericanos quedan inválidos o mueren en accidentes de tránsito. En más de la mitad de esos accidentes fatales y en un gran porcentaje de los otros, la **embriaguez**[13] es un factor determinante. Algunos estudios muestran que las tasas° de divorcio y de suicidio son también mucho más altas entre alcohólicos que entre la población en general. Y el alcoholismo es responsable también, en muchos casos, del **maltrato**[14] de los niños por parte de sus padres.

rates

Por alarmante que parezcan esas cifras° y esos datos, resultan sin embargo pálidos al compararse con los problemas económicos y sociales generados por la drogas. La adicción al alcohol, que es producto relativamente barato, requiere del enfermo un gasto considerable; sin embargo mucho más se necesita para mantener la adicción a las drogas, aun cuando se trate de subproductos de pésima calidad y por consiguiente, aunque letales, mucho más fáciles de conseguir y de más bajo precio. En un espeluznante° suelto° periodístico de *Los Angeles Times* (20 de agosto de 1993), Ron Harris descubre lo que el título de su artículo indica: "El precio que pagamos por la adicción a las drogas de Donovan". Donovan, adicto a la heroína, vivía entonces en las calles de Los Ángeles, y cada mañana planeaba un robo para «alimentar al monstruo» que vivía en sus entrañas°. La adicción de Donovan, sólo uno de los centenares de miles de drogadictos en esa sola ciudad, costaba entonces 45.000 dólares al año. Según el articulista, costaría mucho menos tratar médicamente la adicción de Donovan, pero no existían entonces, y no existen todavía, bastantes camas para los adictos a la heroína en los hospitales de Los Ángeles.

numbers, figures

horrifying, article

deep inside him

En siglos anteriores, el consumo de drogas ilícitas estaba limitado a las clases sociales más altas, a salvo casos muy especiales como los populares fumaderos de opio en la China. En los últimos años, los narcotraficantes han ampliado su esfera de acción, incorporando a personas de procedencia humilde a las que proporcionan cocaína menos refinada y por consiguiente más barata y mucho más nociva. Su comercio se efectúa ahora en las calles de las grandes ciudades del mundo. En los Estados Unidos, si recorremos los barrios pobres de Nueva York, Filadelfia, San Francisco o Los Angeles nos será fácil ver, aún a tempranas horas de la noche, grupos de jóvenes y aún de niños, organizados en pandillas o bandas delictivas, que ofrecen en venta a la vista de todos paquetes de la cocaína toscamente° elaborada que, en la jerga del narcotráfico se llama *crack* o *ice cones*.

roughly

La ingenuidad° norteamericana nos ha hecho confiar demasiado en la solución individual de estos problemas. Es cierto que instituciones como Alcohólicos Anónimos o Synanon pueden ayudar a miles de alcohólicos y de drogadictos a dejar sus hábitos con el apoyo de otros seres que han sufrido experiencias semejantes. También los trata-

naiveté
ingenousness

mientos de psicoterapia individual ayudan a quienes pueden pagarlos y obtenerlos. Pero nuestra sociedad requiere remedios más directos e inmediatos. La guerra a la dependencia de substancias extrañas puede ganarse si las batallas se libran° en todo ese escenario que abarca desde los lugares de producción hasta la celda carcelaria o el lecho de hospital en que yace° el enfermo. La lucha es una empresa ardua y penosa. Pero podemos comenzar a ayudar al individuo si aceptamos de una vez las que son ya verdades indiscutibles. La adición a las drogas, incluso al alcohol, no es un vicio vergonzoso ni deriva necesariamente de una debilidad moral. Es sencillamente una enfermedad crónica que puede ser fatal, y cuyo único remedio es la abstención total y permanente.

are fought

lies

*E*xpansión de vocabulario

I

la droga	drug, medicine
la medicina	medicine
el medicamento	medicine, medication

Droga, like English *drug,* may refer to any substance used as medicine or taken illegally for its narcotic, stupefying, or stimulative effects. However, the use of **droga** as a synonym of *medicine* is less common in Spanish than is true of *drug* in English. **Medicina,** in addition to the science and practice of medicine, also refers to the substances used to treat illness and disease. In this sense it is synonymous with **medicamento.**

La legalización de la **droga** no acabaría probablemente con el problema de la adicción, pero sí con el delito.	*The legalization of drugs probably wouldn't end the drug problem, but it would end crime (associated with it).*
Hay una nueva **droga** para la hipertensión.	*There's a new drug (medicine) for high blood pressure.*
Algunos norteamericanos acuden a las ciudades de la frontera para comprar **medicinas** a precios más bajos.	*Some Americans go to the border cities to buy medicine (drugs, medications) at lower prices.*
Este nuevo **medicamento** (nueva **medicina**) fue descubierto (a) por un científico suizo.	*This new medicine (medication) was discovered by a Swiss scientist.*

2

la ingerencia	ingestion, consumption, swallowing
ingerir	to swallow, to ingest
tragar	to swallow
engullir	to swallow, to gulp down
consumir	to consume, to use, to take
el consumo	use, consumption, taking

The three verbs above share the common meaning of introducing something into the body through the mouth. **Tragar** most frequently translates *to swallow*. **Ingerir,** like *to ingest* in English, is more common in medical, nutritional, or technical terminology than in everyday language. **Engullir** suggests rapid swallowing or "wolfing down" of food. **Consumir,** which sometimes renders *to eat,* also indicates to use or consume drugs or alcohol.

Si uno **ha ingerido** sustancias venenosas, hay que intentar vaciar el estómago.	*If one has swallowed poisonous substances, he (she) should try to empty his (her) stomach.*
El niño **tragó** (tomó) las pastillas sin quejarse.	*The child swallowed (took) the pills without complaining.*
El pelícano **engulló** una docena de relucientes sardinas.	*The pelican gulped down a dozen shiny sardines.*
Ha bajado el **consumo** de drogas entre los jóvenes de esta ciudad.	*Drug use has gone down among the youth of this city.*

3

el mareo	dizziness, motion sickness
mareado	dizzy; seasick, motion sick
marearse	to become dizzy or motion sick
la náusea	dizziness, nausea, stomach sickness
el vértigo	dizziness, vertigo
vertiginoso	dizzy, vertiginous

Note that **mareo,** used in both the singular and plural, and the related words **mareado** and **marearse,** have a broad range of meanings. Besides *dizzy,* **mareado** (from **mar,** *sea*) indicates *seasick,* as well as *airsick, carsick,* etc. **Náusea** implies an upset stomach or discomfort generally followed by vomiting. **Vértigo,** like **mareo** and **náusea,** used both in the singular and plural, is sometimes a synonym of **mareo,** in its primary sense of *dizziness.* Often, however, it suggests, as does its adjective **vertiginoso,** the psychological feeling of sudden and precipitous falling.

Siempre que mi esposo va en coche, **se marea.**	*Whenever my husband travels by car, he gets carsick.*
La piel del melocotón me causa **náuseas** y vómitos.	*Peach skin makes me nauseous and makes me vomit.*
De repente una sensación de **vértigo** se apoderó de Carmen.	*A sensation of dizziness (vertigo) suddenly overcame Carmen.*
El cohete descendió a una velocidad **vertiginosa.**	*The rocket fell at a vertiginous speed.*

4

el jugo	juice
el zumo	juice

In Spain, but not in Spanish America, **zumo** is used much more than **jugo** when referring to fruit and vegetable juices, but not to other kinds of juice. **Zumo** may, but doesn't always, suggest a thicker or pulpier juice than **jugo.**

Siempre bebo un vaso de **jugo** **(zumo)** de naranja antes de tomar el café.	*I always drink a glass of orange juice before I have my coffee.*
Esta carne tiene poco **jugo.**	*This meat has very little juice.*
El exceso de **jugos** gástricos puede producir úlceras.	*Excessive gastric juices can produce ulcers.*

5

los granos de	grains from different
distintos cereales	cereals
el grano	grain; pimple
el cereal	grain, cereal

The nouns **grano** and **cereal,** both often used in the plural, are sometimes used interchangeably to designate the edible seeds of certain grass-like plants, such as wheat, rice, oats, etc. More specifically, **grano,** whose essential meaning is a small, round, hard particle of something (**grano** means also *pimple*), indicates the edible seeds of such plants. **Cereal** more often designates the plants themselves. Unlike Spanish, English does not commonly use **cereal** in this way, but as a breakfast food made of such grain. It may also be used with this meaning, in both singular and plural, in modern Spanish.

Este **grano** es de muy alta calidad.	*This grain is of a very high quality.*
La dermatóloga me trató los **granos** con una pomada especial.	*The dermatologist treated my pimples with a special cream.*
El **cereal** que necesita más lluvia para germinar es el maíz.	*The grain that needs the most rain to germinate is corn.*
Han construido en nuestro pueblo un enorme depósito de **granos (cereales).**	*They have built an enormous grain elevator in our town.*
Esos indígenas hacen harina moliendo **granos de maíz** en el metate (mortero).	*Those Indians make flour by grinding grains of corn on a metate.*
Los **cereales** favoritos de Marcela son el arroz inflado y los copos de maíz.	*Marcela's favorite [breakfast] cereals are puffed rice and cornflakes.*

6

elaborar	to make, to prepare, to produce
la elaboración	making, preparation, production
confeccionar	to make
la confección	making, putting together
hacer	to make, to do
preparar	to prepare

In English, *to elaborate* most often means *to describe* or *to work out something with great detail.* In Spanish, however, **elaborar** is a common synonym of words such as **hacer** and **preparar.** It may replace these verbs to stress the idea of transforming specific raw ingredients into a product by means of a specific process. By extension, one may also take ideas and transform them into a plan or strategy, in which case **elaborar** is the appropriate verb to use. Another synonym of **hacer** is **confeccionar,** used most often with reference to clothing. It stresses the putting together or assembling of things from component pieces or parts. It is somewhat more literary than **elaborar** and is often employed without reference to the materials used.

¿Con qué **está elaborado** este chocolate belga?	*What is this Belgian chocolate made of?*
Elaboraban la cerveza con agua de manantial.	*They used to make the beer with spring water.*
Estos zapatos están **elaborados (hechos)** con muy buen cuero.	*This shoes are crafted (made) of very fine leather.*
Alejandro trabaja en un taller donde **confeccionan** trajes para hombres.	*Alejandro works in a shop where men's suits are made.*

7

la graduación	alcoholic content, strength
el grado	percent [of alcohol]; degree
el porcentaje	percentage, percent
el por ciento	percentage, percent

The alcoholic content of beverages is indicated differently in Spanish and English. The latter uses the term *proof,* which is always twice the actual alcoholic content. Thus, 70-proof liquor would contain 35% alcohol. In Spanish, **graduación** or **grados** indicates the exact alcoholic content as a percentage. The synonyms **porcentaje** and **por ciento** may be used to render *percent* or *percentage* in most other cases.

Este vino blanco es una bebida de **graduación** alcohólica relativamente baja.	*This white wine is a beverage of relatively low alcoholic content.*
La ginebra tiene 47 **grados** de alcohol.	*Gin is 94-proof (47 percent alcohol).*
El termómetro registraba 40 **grados** centígrados a la sombra cuando llegamos a Sevilla.	*The thermometer registered 40 degrees centigrade in the shade when we arrived in Seville.*
¿Qué **porcentaje (tanto por ciento)** del proyecto está ya acabado?	*What percentage (percent) of the project is already finished?*

8

el impuesto	tax
la contribución	tax
el contribuyente	taxpayer

The words for English *tax,* the money we pay to government agencies, are **impuesto** and **contribución.** Although there is no absolute semantic boundary between these words, **impuesto** is by far the more frequently used term. It is used for direct taxes, such as those on income, wages, sales and services. Over time, **contribución,** the older term in Spanish, has been replaced in many contexts by **impuesto. Contribución** is, however, still used to designate certain taxes paid to municipal and local governments, such as those on real estate and personal property. **Contribuyente** is the standard word for *taxpayer* in all contexts.

Nosotros deberíamos pagar los **impuestos** según lo que ganamos.	*We should pay taxes according to what we earn.*
El año próximo, habrá reformas en el **impuesto** sobre la renta favorables a los **contribuyentes.**	*There will be changes in the income tax that will be favorable to the taxpayers next year.*
Este **impuesto** proporciona al Ministerio de Hacienda la mayor parte de sus ingresos.	*This tax provides the Treasury Department with most of its revenue.*
Todavía no he pagado la **contribución** de mi casa.	*I've still not paid the (property) tax on my house.*

9

la criminalidad	criminality, crime
el crimen	crime
el (la) criminal	criminal
el delito	crime; misdemeanor
la delincuencia	crime
el (la) delincuente	criminal, delinquent
la falta	infraction, misdemeanor; foul (in sports)

Criminalidad may refer to *criminality* or to *crime,* in a general sense. **Crimen** and **delito** are mostly used for individual criminal acts. **Delincuencia** is used more as a generic term for crime, but it implies illegal activity less serious than **criminalidad.** It is especially important to distinguish between **crimen,** a very serious crime, often murder or attempted murder, and **delito,** used for most other crimes. **Falta** is the least serious type of infraction, such as not paying a traffic ticket, etc. When used in a sports context, **falta** renders English *foul.*

Juan es incapaz de distinguir entre el **criminal** y la víctima.	*John is incapable of distinguishing between the criminal and the victim.*
Por su **crimen,** le condenaron la muerte.	*For his crime, they condemned him to death.*
Ellos han acusado al forastero del **delito** de negligencia que causó el accidente de tránsito.	*They accused the stranger of the crime of negligence that caused the traffic accident.*
La comisión está luchando contra la **delincuencia** y el vandalismo.	*The commission is fighting against crime and vandalism.*

IO

el bebedor	drinker
el bebedor empedernido	heavy drinker
el bebedor moderado (ocasional)	light drinker

Bebedor, *drinker,* may by itself indicate a *heavy drinker.* The adjective **empedernido** (from **piedra,** *stone*), which suggests *hardened* or *stubborn,* is often used with **bebedor** to emphasize *heavy.* The adjectives **moderado** and **ocasional** are used similarly with **bebedor** to translate *light* or *moderate.*

Víctor es muy **bebedor** y está siempre borracho.	*Víctor is a very heavy drinker and is always drunk.*
Víctor es un **bebedor empedernido.**	*Víctor is a heavy drinker.*
Teresa es una **bebedora moderada;** sólo toma un poco de vino con la cena.	*Teresa is a light drinker; she only drinks a little wine with dinner.*

II

la copa	glass; cup
el vaso	glass; tumbler
la taza	cup
el jarrón	vase

Spanish distinguishes between a stemmed glass, **copa,** and any regular drinking glass, **vaso. Vaso** is sometimes used to render English *vase,* but **jarrón** is far more common. Note, too, that copa renders English **cup** when referring to the ornamental metal award or prize, as opposed to the standard *cup* for drinking tea or coffee, which is **taza.**

Ellos levantaron las **copas** de champaña y brindaron por el presidente.	*They raised their glasses of champagne and toasted the president.*
Viviana ganó la **copa** del campeonato de tenis.	*Viviana won the tennis championship cup.*
Él tenía mucha sed y bebió dos **vasos** de agua.	*He was very thirsty and drank two glasses of water.*
¿Quieres otra **taza** de café?	*Do you want another cup of coffee?*

I2

el vino tinto	red wine
el vino blanco	white wine
el vino clarete (rosado)	rosé wine

The adjective **tinto** is from the verb **teñir,** *to dye* or *stain.* Today, **tinto** is used rather than **rojo** to render *red* when referring to wine. *White wine* is, as expected, **vino blanco.** And the pink wine we designate as *rosé* in English is called **clarete** in Spanish, although in Spain the adjective **rosado** is gradually replacing **clarete.**

En España, los vinos **tintos** son mejores que los blancos.	*In Spain the red wines are better than the white wines.*
Vamos a pedir un vino **clarete** para acompañar la comida.	*Let's order a rosé (wine) to accompany the meal.*

I 3

la embriaguez	intoxication
la borrachera	drunkenness
emborracharse	to get drunk
intoxicar	to poison, to intoxicate
borracho	drunk, drunkard
ebrio	intoxicated, inebriated, drunk
beodo	intoxicated, drunk
bebido	(slightly) drunk, tipsy
tomado	drunk
intoxicado	poisoned, intoxicated

Ebrio and **beodo** are somewhat euphemistic substitutes for **borracho** (like English *intoxicated* for *drunk*). Both **ebrio** and **beodo** indicate a high level of intoxication, and **beodo** is often used to describe someone who is habitually drunk. **Bebido** indicates *slightly drunk* or *tipsy*. **Tomado** also has this meaning in Spanish America, where **tomar** is often used for **beber**. **Intoxicar** is best avoided as a synonym for *intoxicated* or *drunk*. It is most often used in Spanish as a medical term meaning *poisoned*. There are numerous other expressions and slang words in Spanish for *drunk, drunkenness,* etc.

Como Alberto no tenía costumbre de beber vino, **se emborrachó** enseguida.	*Since Alberto wasn't used to drinking wine, he became drunk right away.*
El político estaba **beodo (ebrio)** y apenas podía mantenerse en pie.	*The politician was intoxicated (inebriated, drunk) and could hardly remain standing.*
Tú estás algo **bebido (tomado)** y es mejor que yo conduzca el coche.	*You're a little tipsy (drunk); it's better if I drive the car.*
Estaban **intoxicados** por la mala comida y los llevaron al hospital.	*They had food-poisoning and were taken to the hospital.*

I4

el maltrato	abuse, mistreatment, maltreatment
el trato	treatment
el tratamiento	treatment
tratar	to treat, to deal (with)

Spanish distinguishes between **trato** and **tratamiento,** both of which are derived from the verb **tratar,** *to treat.* **Trato** is used in all contexts except when referring to illness or disease, which requires **tratamiento. Trato** is used in both singular and plural with no difference in meaning.

El **maltrato** de los niños es un lamentable delito.

The abuse (mistreatment) of children is a regrettable crime.

Detuvieron al padre por los **malos tratos** que les daba a sus hijos.

They arrested the father for physically abusing his children.

El **trato** que yo he recibido en tu casa siempre ha sido muy cordial.

The treatment I have received in your home has always been very cordial.

Tú tienes que seguir con este **tratamiento** médico.

You must continue with this medical treatment.

Anteriormente, el uso de la metadona era el **tratamiento** recomendado para muchos drogadictos.

Previously, the use of methadone was the recommended treatment for many drug addicts.

Ejercicios

Comprensión de la lectura

De las cuatro respuestas que se indican para cada pregunta, seleccione Ud. la correcta de acuerdo con el ensayo. También indique brevemente por qué las otras opciones son incorrectas.

1. Según el ensayo, el público norteamericano _____.
   a. es más tolerante con los drogadictos que con los alcohólicos
   b. siempre ve el alcoholismo como problema médico
   c. está mejor informado sobre el alcoholismo que la drogadicción
   d. siempre ve el alcoholismo como un problema de conducta individual

2. De acuerdo con el texto, el ser humano _____.
   a. descubrió las bebidas destiladas antes que las fermentadas
   b. no bebía vino ni cerveza antes de los tiempos bíblicos
   c. sigue dando al vino y a la cerveza una significación especial en muchos festivales
   d. prefiere bebidas con una graduación alcohólica baja

3. Según el ensayo, es posible justificar el uso moderado del alcohol, pero no el de las drogas porque _____.
   a. el alcohol es mucho más barato que las drogas
   b. el consumo del alcohol es legal pero el de drogas, no
   c. en muchos casos puede contribuir a mejorar la salud
   d. hay más gente que bebe vino y cerveza que la que consume drogas

4. Se puede deducir de la lectura que el problema de la drogadicción en los Estados Unidos no se está resolviendo porque _____.
   a. la red internacional de narcotraficantes es muy poderosa
   b. no hay suficientes policías para detener a todos los drogadictos
   c. no se ha hecho suficiente esfuerzo para curar a los drogadictos de su enfermedad
   d. la corrupción de la sociedad y de las autoridades es demasiado grande

La palabra adecuada

A. Para cada frase que sigue, elija Ud. la palabra o expresión que complete mejor el sentido.

1. La copa de vino se me ha subido a la cabeza y me siento algo _____.
    a. intoxicado
    b. beodo
    c. bebido

2. Tendrás que _____ el tubo de este instrumento que usamos para ver dentro del estómago.
    a. ingerir
    b. engullir
    c. tragarte

3. El presidente quiere _____ una nueva política militar en colaboración con nuestros aliados.
    a. hacer
    b. confeccionar
    c. elaborar

4. El latrocinio es un(a) _____ castigado(a) por la ley.
    a. crimen
    b. delito
    c. falta

B. De acuerdo con las notas de **Expansión de vocabulario,** utilice la palabra o expresión que complete mejor el sentido de cada frase. En algunos casos, puede haber más de una palabra apropiada.

1. Tu seguro médico cubre todos los _____ posibles, incluso el trasplante de corazón.

2. Experimentamos tanta turbulencia en el vuelo, que llegué a Nueva York completamente _____.

3. El (La) _____ ha aumentado tanto en nuestro barrio, que la gente tiene miedo de salir de noche.

4. En todas partes, los _____ se quejan de pagar demasiados impuestos.

C. Complete las frases que siguen, escogiendo las palabras que mejor correspondan al sentido, modificándolas gramaticalmente siempre que sea necesario. No use ninguna palabra más de una vez.

empedernido	trato	tratamiento	moderado
taza	destilar	tinto	copa
cereal	fermentar	contribución	consumo
jarrón	criminal	impuesto	delincuente
vaso	medicamento	droga	zumo

1. Cuando doblaron el (la) _____ sobre el alcohol, el (la) _____ de bebidas alcohólicas bajó más del 14 por ciento.

2. Yo pedí un(a) _____ de vino y Miguel, que era abstemio, pidió un(a) _____ de leche fría.

3. El _____ justificaba los robos porque su adicción lo obligaba a comprar _____ todos los días.

4. Walter padece de una infección al hígado como resultado de ser un bebedor _____; el (la) único(a) _____ que le recomienda la doctora son los antibióticos.

Preguntas textuales

1. ¿Por qué es tan perjudicial la dependencia física y psicológica creada por el alcohol y las drogas?

2. ¿Cuál es el país de Hispanoamérica que produce más cocaína?

3. Indique algunas de las consecuencias sociales del alcoholismo y de la adicción a las drogas.

Tareas complementarias

A. Discútase si debe prohibirse o no el anuncio de vinos, cervezas, bebidas espiritosas y drogas lícitas en los medios de difusión más populares, como la televisión, los diarios, las revistas. Los que se opongan a esa prohibición deben aducir razones económicas, derechos legales, principios de libertad y de responsabilidad social, beneficios al consumidor, etc. Los que favorezcan las leyes prohibitivas pueden basarse en las consecuencias económicas, políticas y morales de la adicción y sobre todo en las consecuencias sociales como la criminalidad juvenil y otros delitos.

B. Los estudiantes divididos en grupos deben proponer los mejores modos de ayudar a un alcohólico y a un drogadicto. Tras exponer algunos de ellos y las características de esas adicciones, otros intentarán ayudarlos recurriendo a todos los argumentos éticos, religiosos, sociales o psicológicos, etc. posibles.

C. Debate en el Senado sobre la adicción a las drogas. Cada estudiante que participe debe informar sobre el problema y sus consecuencias. Conviene evaluar el éxito o fracaso de las organizaciones existentes que tienen que ver con el problema, sobre todo los centros de salud general, y proponer la creación de un sistema nacional de protección al drogadicto que estudie el problema y dé las soluciones. Otros alumnos deberán oponerse con los argumentos usuales en esos casos.

D. Debate entre (1) los que creen que los países productores de drogas (Colombia, Bolivia, el Perú, et.) son los verdaderos responsables del gran problema de la drogadicción y (2) los que achacan la responsabilidad a los países consumidores (Europa Occidental, Estados Unidos, etc) que no toman las medidas necesarias.

5 La desigualdad social entre los sexos

I. Prelectura

Ejercicios para despertar ideas en la clase anterior a la lectura.

Palabras útiles

capacitado	qualified
ejercer	to practice (a profession)
el expediente académico	transcript
la naturaleza	nature
el promedio	average (such as grades)

Preguntas preliminares

1. En su opinión, si una mujer prefiere «quedarse en casa» como ama de casa y/o madre en lugar de seguir una carrera profesional, ¿representa eso un «sacrificio» o se trata de una libre elección como otra cualquiera? Diga por qué opina así. (**Sugerencias:** Características del trabajo en la casa comparado con el trabajo en la oficina; ventajas de trabajar sin competencia y sin estrés; ¿el trabajo doméstico implica libertad o esclavitud?; las familias pobres y con numerosos hijos requieren la presencia de la mujer en casa; los prejuicios del hombre con respecto al trabajo de la mujer; diferencias en los salarios que se les pagan al hombre y a la mujer.)

2. ¿Creee usted que las mujeres médicos y dentistas igualan o superan a los hombres en ciertos aspectos de esas profesiones? ¿Por qué? (**Sugerencias:** Las mujeres son o no más estudiosas; saben (o no) organizar mejor su oficina; tienen una más clara intuición con respecto a la enfermedad y al diagnóstico; comprenden mejor (o no) las necesidades del enfermo; tienen (o no) mejor mano para la aplicación de medicamentos, inyeccciones o instrumentos dentales; son más cuidadosas (o no) de su reputación.

II. Lectura

En las sociedades primitivas° se reproducía inconscientemente la organización social de algunos grupos animales. El **macho**[1], que era por lo general más fuerte físicamente, se arrogaba° tareas que le conferían una situación de superioridad. Era el macho el que cazaba para alimentar a su familia y el que la defendía° contra enemigos y animales **salvajes**[2]. Las **hembras**[1], así protegidas, criaban a los hijos, cuidaban de ellos y se conformaban con tareas de índole° más doméstica. Aunque en algunos grupos humanos la organización ha sido a veces de carácter matriarcal, la estructura básica de la familia ha sido patriarcal, y casi todo el **poder**[3] y muchas de sus ventajas han recaído en el hombre. Con el tiempo, este sistema de poderes y de responsabilidades, desiguales y divididos según el sexo, debió extenderse más allá de la familia hasta abarcar° la organización de la sociedad en general.

Desde tan remotos comienzos, la humanidad ha cambiado mucho. Pero la estructura patriarcal de la familia y gran parte de los privilegios sociales y económicos que derivaban del poder que ésta concedía°, continúan, hasta cierto punto, vivos aún hoy. Por eso la vida de la mujer es en general, menos libre que la del hombre.

A pesar de los importantes derechos obtenidos por las mujeres en el siglo XX, no han desaparecido del todo muchos prejuicios y actitudes antiguas respecto a los papeles sociales que éstas deben desempeñar°. No obstante los avances logrados en los países donde las mujeres están más emancipadas, es decir, menos restringidas por las costumbres, leyes y trabas° sociales, todavía falta mucho para que **gocen de**[4] todos los privilegios y se desarrollen con la misma libertad que el hombre.

Muchas de las actitudes hacia la mujer que consideramos perfectamente naturales son consecuencia de prejuicios y del acondicionamiento social. La sociedad suele hacer una evaluación física más severa de la mujer que del hombre. En general, el hombre puede descuidar° más su **apariencia**[5], ya que su éxito no depende tanto de su aspecto. No suele ocurrir así con la mujer. Si trabaja fuera de casa,

very early

claimed, arrogated to himself

protected, defended

kind, nature

to include, to embrace

conferred

carry out, fulfill

obstacles

neglect

tiene que disponer de° más tiempo para su arreglo personal. Necesita   *have at her*
más tiempo para prepararse por la mañana, para lavarse y secarse el   *disposal*
cabello[6], para aplicarse el maquillaje°, y para escoger la ropa que va   *makeup*
a llevar.

La propaganda° comercial ha contribuido a convencernos de que   *advertising*
no seremos atractivos si tenemos arrugas° y que debemos usar cre-   *wrinkles*
mas y lociones para **evitarlas**[7]. Pero esta publicidad comercial está
dirigida muchísimo más a las mujeres que a los hombres. Algo parecido pasa con el problema de la obesidad. La propaganda y los mo-
distos y modistas° presentan como ideal a la mujer alta, y a veces   *male and female*
excesivamente **delgada**[8]. Por consiguiente, muchas mujeres se some-   *dressmakers,*
ten a dietas rigurosas y malgastan tiempo y dinero en seguir sistemas   *designers*
especiales para ajustar su silueta a la falsa imagen impuesta por la
publicidad. Los hombres, por el contrario, suelen preocuparse bas-
tante menos por guardar la línea°. En fin, la sociedad parece seguir   *watching their*
criterios diferentes para evaluar el aspecto físico del hombre y el de la   *figures*
mujer.

Pero pasemos a algo más grave que todavía impide a ciertas mujeres llevar a cabo la clase de vida que quieren. Nos referimos a la falta
de libertad total para elegir oficios y profesiones bien pagados e inte-
resantes. Es cierto que cada año ingresan más mujeres en las **Facultades**[9] de Medicina, Odontología°, Comercio y Derecho, con el fin de   *dentistry*
obtener títulos que las habiliten° para **ejercer**[10] estas profesiones. An-   *equip, entitle*
tes, las mujeres no se animaban a seguir estas carreras, que eran con-
sideradas casi exclusivamente masculinas. Pero algo semejante pasa
hoy en las universidades donde no se estimula debidamente a las mujeres a estudiar ciencias físicas, matemáticas, ingeniería, u otras carreras. Aún hoy, cuando las mujeres constituyen más de la mitad de
la población del país, ingresan en estas facultades en número muy inferior al de los hombres.

En las últimas décadas, después de los avances conseguidos en
gran parte por los esfuerzos del feminismo, las actitudes con respecto
a la mujer han cambiado, así como también las ideas de muchas mujeres sobre ellas mismas. Antes, la sociedad tendía a creer que el papel apropiado de la mujer era siempre el de casarse, **dar a luz**[11],
criar° hijos y cuidar de la casa y del marido. Por eso presionaba a la   *to rear, raise*
mujer en este sentido. Si una mujer **aspiraba a**[12] afirmar su personalidad a través de una carrera o de una profesión, su único camino era
permanecer soltera y entonces se la miraba como a persona rara. Algo parecido ocurría con la mujer casada que no quería tener hijos; la
sociedad la consideraba como a un ser extraño. Es decir, la mujer no
era ni siquiera libre para elegir su estado civil, su profesión o para decidir si tendría hijos o no. Muchas jóvenes infelices se casaron así sin
amor, simplemente por la presión que la sociedad y la familia ejer-
cían sobre ellas. Y hasta años recientes, mujeres que hubieran prefe-

rido ciertas carreras, no podían seguirlas porque la sociedad les bloqueaba el camino, al considerar estas carreras aptas sólo para hombres.

Ahora que la mujer ha empezado a participar más plenamente en muchas áreas antes abiertas sólo al hombre, puede elegir, si así lo prefiere, entre casarse, conseguir un trabajo, prepararse para una profesión o carrera o trabajar en el **hogar**[13]. Hay, desde luego, mujeres que no eligen entre estas alternativas, sino que las combinan. Algunas, por ejemplo, unen el matrimonio con un empleo fuera de casa. Otras combinan las tres: matrimonio, carrera e hijos. Sin embargo, para poder cumplir° con éxito las responsabilidades de la familia y de la carrera, la mujer debe ser una persona de muchísima vitalidad° y tener un marido responsable que comparta las obligaciones del hogar y el cuidado de los hijos. Si el marido no colabora con estas tareas y deja que la mujer cargue con° todas esas responsabilidades el matrimonio puede fracasar.

Si lo pensáramos bien, todos estaríamos de acuerdo en que una sociedad verdaderamente justa no puede permitir privilegios de sexo. La libertad social, económica y política no debe estar acondicionada por el sexo, es decir, debe ser absolutamente igual para todos. Lo que es factible° para el hombre debe serlo también para la mujer y a la inversa. Desde luego, hay limitaciones biológicas: sólo la mujer puede concebir hijos y dar a luz. Pero esta limitación se origina en la naturaleza y no puede cambiarse, a diferencia de las muchas restricciones impuestas por la sociedad.

En fin, tanto los hombres como las mujeres que apoyan la total libertad de la mujer quieren acabar con la desigualdad social entre los sexos, desigualdad que no se eliminó en los Estados Unidos, como se esperaba, con la obtención del voto femenino en 1920, ni con otros triunfos más recientes. Defienden, por ejemplo, el derecho de la mujer a recibir la misma **paga**[14] que el hombre si trabaja en la misma tarea. Quieren que las mujeres sean ascendidas° con la misma facilidad que hombres de igual talento que trabajan en puestos idénticos. Si las mujeres jóvenes quieren seguir oficios o carreras acordes con° su talento, no deben reducirse a aquellas actividades inferiores a su capacidad consideradas tradicionalmente femeninas y por tanto mal remuneradas°. El hacer esto último implica seguir aceptando una injusticia y causar al país una importante pérdida de talento humano.

La defensa de los derechos femeninos abarca esferas de acción muy variadas. Los partidos políticos deben animar° a las mujeres a presentar su candidatura para funciones verdaderamente importantes dentro del partido y en el gobierno del país. A pesar del «Equal Credit Act» de 1970, todavía algunos bancos y cajas de ahorro° ponen obstáculos a las mujeres casadas que quieren conseguir un préstamo por sí mismas, o establecer un crédito a nombre propio. Las reformas

fulfill

energy

shoulder, carry

feasible, possible

be promoted

in accord with

paid, remunerated

to encourage

savings bank

sociales propuestas por los grupos feministas tienen también una dimensión legal, en cuanto proponen una enmienda° a la Constitución, *amendments*
estableciendo que «la igualdad de derechos ante la ley no será negada
ni disminuida por el gobierno de los Estados Unidos ni por cualquier
gobierno estatal a causa del sexo». Esta enmienda, conocida por las
siglas ERA (*Equal Rights Amendment* o Enmienda sobre Derechos
Igualitarios) no ha sido ratificada todavía, aunque las encuestas demuestran un gran apoyo por parte de la población norteamericana en
general.

La situación de la mujer en los Estados Unidos es similar a la de
otros países desarrollados. Pero en los menos desarrollados, la tradición religiosa, la dependencia económica y la rígida estructura social
conspiran contra la libertad femenina. Madeleine Albright, la primera
mujer Secretaria de Estado en los Estados Unidos, se ha referido muy
recientemente a la situación de la mujer en el mundo, denunciando
sorprendentes abusos que incluyen abortos y esterilizaciones obli-
gadas, mutilaciones rituales, asesinatos causados por falta de dote°, *dowry*
prostitución infantil y violencia doméstica. (*Los Angeles Times*, 6 de
octubre de 1999).

En Hispanoamérica existe además una muy clara diferencia entre
las mujeres de clase alta y media, educadas en colegios y universidades, y las de la clase baja, víctimas de la miseria y la ignorancia. Si
por un lado, algunas mujeres hispanoamericanas han llegado a ejercer la presidencia de su país (como en la Argentina y Nicaragua), o
han obtenido distinciones de todos tipo en la política, la ciencia, la literatura y las artes, la mayoría de la población femenina está muy le-
jos de alcanzar el nivel social, cultural y económico de las mujeres
norteamericanas o europeas.

La verdadera igualdad de los sexos requeriría, desde luego, mucho
más que cambios constitucionales y legales. Para que se elimine totalmente la desigualdad sexual que forma parte de la cultura, y de la
cual a veces ni somos conscientes, tiene que ocurrir primero algo más
esencial. Hay que cambiar la actitud mental de las personas con respecto a las funciones sociales del hombre y de la mujer, y convencer a
hombres y mujeres de que cuanto más° libertad tenga la mujer, más° *the more...the*
libre será también el hombre, y por consiguiente la familia y la socie- *more*
dad entera.

Expansión de vocabulario

I

el macho	male
la hembra	female
el varón	male, man

Macho and **hembra** are the standard words for male and female when referring to animals. In Spanish America, they are rarely used for people since they have pejorative connotations emphasizing a person's sexuality. In Spain, however, **hembra** is sometimes used in popular speech (instead of **niña, hija,** etc.) to indicate the gender of a child. **Macho,** however, is not so used, being replaced in Spain and Spanish America by **varón,** a word which also means an adult man who commands respect because of his character, talents, or social position. Finally, when the word for a particular animal is already marked for gender by its **-o** or **-a** ending (**león, leona; oso, osa**), **macho** and **hembra** are normally not added.

Ese animal no es **macho,** es **hembra.**	*That animal isn't (a) male, it's (a) female.*
En el laboratorio se mantienen separados los ratones **machos** y **hembras.**	*In the laboratory the male and female mice are kept separate.*
En mi familia siempre ha habido más **varones** que **hembras.**	*In my family there have always been more males than females.*
El zoológico ha comprado un rinoceronte **hembra.**	*The zoo has bought a female rhinoceros.*
La perra ha parido dos **perritas.**	*The dog has given birth to two female puppies.*

2

salvaje	wild, savage
silvestre	wild
la fiera	wild animal
feroz	ferocious

Salvaje is *wild* in the sense of *nondomesticated* when referring to animals. It also means *wild* in the sense of *savage* or *uncivilized*. Although **silvestre** is the standard word for *wild* in the sense of plants growing in a natural, uncultivated state, salvaje is sometimes also used in this context. However, when the English wild is used to describe an animal as being ferocious, carnivorous, and dangerous to people, the noun **la fiera** (from the adjective **fiero,** *ferocious*) may replace the expression **el animal salvaje.**

Leimos un libro sobre el hombre **salvaje** del Amazonas.	*We read a book on the wild man of the Amazon.*
Ibsen escribió *El pato* salvaje.	*Ibsen wrote* The Wild Duck.
En las dunas viven manadas de caballos **salvajes.**	*Herds of wild horses live in the dunes.*
Comimos fresas **silvestres** en casa de Pepita.	*We ate wild strawberries at Pepita's house.*
El niño se perdió en la selva y fue devorado por las **fieras.**	*The child got (became) lost in the jungle and was devoured (eaten) by the wild animals (beasts).*

3

el poder	power
la potencia	power
la fuerza	force, power, strength

El poder, the basic term for *power,* the physical, moral, or intellectual force that enables us to do something, derives from the verb **poder.** But the noun **potencia** is used for *power* when it refers to strength in the sense of a political or military organization. Either **potencia** or **fuerza** can usually replace **poder** to indicate power in the sense of energy produced by some kind of machine, generator, or motor force.

¿Cuándo va a terminar este abuso del **poder?**	*When is this abuse of power going to end?*
Los socialistas están ahora en el **poder.**	*The Socialists are now in power.*
El **poder** adquisitivo de los maestros ha bajado.	*The purchasing power of teachers has gone down.*
Las **superpotencias** reanudaron sus negociaciones en Ginebra.	*The superpowers resumed their negotiations in Geneva.*
El motor de mi coche tiene mucha **fuerza (potencia).**	*My car's engine has a lot of power.*

4

gozar de	to enjoy
disfrutar de	to enjoy, to have the use of
el goce	enjoyment
el disfrute	enjoyment, use

Although careful usage in Spanish prefers **gozar de** for *to enjoy* in the sense of *to relish* or to *experience pleasure in something,* and **disfrutar de** for *to enjoy* in the sense of *to have the use or benefit of something,* in most other cases the two verbs are used interchangeably with no appreciable difference in meaning. **Gozar,** however, cannot be replaced by **disfrutar** when referring to a truly intense sensual or aesthetic pleasure.

Paco **goza de** una gran popularidad.	*Paco enjoys great popularity,*
Gozar del buen arte es experiencia poco común.	*To enjoy good art is an uncommon experience.*
Carlos **goza (disfruta) de** perfecta salud.	*Carlos enjoys perfect health.*
El **goce** sexual no es la única expresión del amor.	*Sexual enjoyment (pleasure) is not the only expression of love.*
Ella **disfruta de** todos los beneficios de una sociedad moderna.	*She enjoys all the benefits of a modern society.*
María no podrá **disfrutar del** dinero que heredó.	*María will not be able to enjoy the money she inherited.*

5

la apariencia   appearance
el aspecto   appearance, look, aspect
la aparición   appearance, apparition

No absolute difference in meaning exists between **apariencia** and **aspecto.** However, the latter is more common and tends to emphasize the general and more essential and revealing way in which someone or something appears to us. **Apariencia** stresses somewhat more a person's or thing's external or superficial appearance or look. **Aparición** is distinct from both of these words, for it refers to the action of appearing, that·is, a person's or phenomenon's actually becoming visible to us.

¡Cómo ha cambiado la **apariencia** de Filadelfia después de la nevada!	*How the appearance of Philadelphia has changed after the snowfall.*
La **apariencia** de Francisco delataba su pobreza.	*Francisco's appearance betrayed (revealed) his poverty.*
Sofia llevaba ropa que tendía a darle un **aspecto** profesional.	*Sofia wore clothes that tended to give her a professional appearance (look).*
Esta oficina tiene el **aspecto** de una pocilga.	*This office looks like (has the appearance of) a pigpen.*
Al rey le preocupaba el **aspecto** de la muchedumbre irritada.	*The king was concerned by the appearance (look, aspect) of the angry crowd.*
La **aparición** de la primavera nos alegra a todos.	*The appearance (coming) of spring cheers all of us up.*

6

el cabello   hair
el pelo   hair
el vello   hair; fuzz
la barba   beard, whiskers, hair

The basic word for any kind of hair is **pelo.** However, to refer to the hair growing from the scalp, **cabello** often replaces **pelo** in poetic usage and in the language of advertising. In Mexico and many other Spanish-American countries, the use of **cabello** is common in this sense even in normal conversation. **Vello** indicates a softer, finer hair growing on parts of the body other than the scalp. (**Vello** is not used, however, for hair on a man's face, for which **pelo** is the correct term. However, whiskers or coarse facial hair are **barba**, in Spanish, the word for "beard".)

¡Qué asco! Hay un **pelo** en mi sopa.	*How disgusting! There's a hair in my soup.*
El perro tiene las patas largas y el **pelo** corto.	*The dog has long legs and short hair.*
Las princesas de los cuentos germánicos tienen el **cabello** rubio.	*The princesses of Germanic tales have blond hair*
Para evitar la caída del **cabello** recomendamos la vitamina B.	*To avoid the loss of hair, we recommend vitamin B.*
El niño tenía en los brazos un casi imperceptible **vello** rubio.	*The child had an almost imperceptibly fine, blond hair on his arms.*
La piel del durazno (melocotón) tiene **vello;** la de la ciruela, no.	*The skin of a peach has fuzz; that of a plum doesn't.*

7

evitar	to avoid, to prevent
prevenir	to prevent, to avoid
eludir	to avoid, to evade

Semantically, the above verbs are closely related and except in very careful usage the first two are interchangeable. **Evitar,** the most frequently used word, suggests *keeping away from* or *preventing something* dangerous or unpleasant from happening. **Prevenir** suggests less immediate action and greater forethought or preparation in preventing a situation from occurring. **Eludir,** the least common of the three verbs, most often indicates the avoidance of what one should do but doesn't, through laziness or because the task is unpleasant.

Vamos a **evitar** el tránsito de las cinco, si es posible.	*Let's avoid the five o'clock traffic if (it's) possible.*
Debes **evitar** aquello que te produzca estrés.	*You should avoid that which produces stress for you.*
Debes aprender a **prevenir** el estrés.	*You should learn to prevent (avoid) stress.*
Joaquín **evitaba** hablar de su prima.	*Joaquín avoided talking about his cousin.*
Las autoridades quieren **prevenir (evitar)** más ataques terroristas.	*The authorities want to prevent more terrorist attacks.*
Gracias a la ciencia, ya sabemos **prevenir** esa enfermedad.	*Thanks to science, now we know how to prevent that disease.*
La persona madura no **elude** la responsabilidad.	*The mature person doesn't avoid (evade) responsibility*

8

delgado	thin
flaco	thin
gordo	fat
adelgazar	to reduce, to become thin
engordar	to get (become) fat
denso	dense, thick
grueso	stout, thick
espeso	thick, dense
fino	thin
claro	thin

Delgado is the standard adjective to translate English *thin* in reference to persons. **Flaco** is used in most of the Spanish-speaking world to indicate very *thin* or *skinny*. In addition to **ganar (perder) peso,** *to gain (lose) weight*, **adelgazar** and **engordar** commonly convey these ideas. With regard to related concepts, **grueso,** which means *stout, husky* in reference to persons, most often is used to indicate how thick or wide something is. But *thick* in the sense of *dense* or *of stiff consistency*, said of fog, liquids, etc., is **denso** o **espeso.** Similarly, **claro** indicates *thin* when referring to liquids, mixtures, etc., and **fino** means *thin* in the sense of *light* or *lightweight*, for items such as fabrics or clothing.

Toma medicamentos para **adelgazar.**	*He takes medication in order to lose weight.*
La familia de ella siempre ha sido propensa a **engordar.**	*Her family has always been prone to put on weight.*
Ella coloca un **grueso** diccionario sobre la mesa.	*She puts (places) a thick dictionary on the table.*
De los **gruesos** labios de él, se escapaban nubes de **espeso** humo.	*From his thick lips there escaped clouds of thick smoke.*
¡Qué pelo más **espeso (denso)** tienen esos animales!	*What thick hair those animals have!*
Ella llenaba la tacita de un café turco, **espeso** como pasta.	*She filled the cup with Turkish coffee, as thick as paste.*
Esta sopa está muy **clara.**	*This soup is very thin.*
Él lleva una camisa muy **fina.**	*He's wearing a very thin shirt.*

9

la facultad	school, faculty, ability
el profesorado	faculty
el colegio	school; college

In the United States, it is more common to refer to major divisions of a university as schools rather than faculties. In Spanish, the reverse is true, and such divisions are more often called **facultades** than **escuelas.** In a completely different sense, **facultad** and its English cognate *faculty* both mean mental capacity or ability. To render English *faculty* when referring to a body of teachers, Spanish most often uses **el profesorado.** Finally, in Spanish **colegio** never means *college* in the common English sense of that word; instead, it means a primary or secondary school. It is best to translate *college* as **universidad. Colegio** does, however, translate English *college* in the restricted sense of the official organization of members of a given profession.

Este edificio es la antigua **Facultad** de Medicina.	*This building is the former School (Faculty) of Medicine*
Él creía tener la **facultad** de comunicarse con los muertos.	*He believed he had the ability to communicate with the dead.*
Sus **facultades** mentales son extraordinarias.	*His (her) mental faculties are extraordinary.*
El **profesorado** está en huelga.	*The faculty is on strike.*
¿En qué **universidad** estudia Ud.?	*In what college (university) are you studying?*
La niña va al **colegio** a las nueve de la mañana.	*The girl goes to school at nine in the morning.*
Marta es miembro del **Colegio** de Abogados.	*Marta is a member of the College of Lawyers.*

I0

ejercer	to practice
practicar	to practice

To practice, in the sense of working at a profession such as medicine, law, or teaching, is **ejercer** in Spanish. **Practicar** is *to practice* in the sense of working repeatedly at improving one's skills through exercise, study, etc. Also, in Spanish, **practicar un deporte** is not to practice that sport, but to go out for it or to engage in it.

El médico prefiere investigar y no **ejercer** la medicina.	*The doctor prefers to do research and not to practice medicine.*
¿Cuántos deportes **practica** Ud.?	*How many sports do you play (go out for)?*

I I

dar a luz	to give birth to
parir	to give birth to
embarazada	pregnant, expecting

In Spanish, when referring to people, **dar a luz** is the standard euphemistic replacement for **parir,** which is now used almost exclusively for animals. **Parir** is still occasionally used for people, but only in very direct, colloquial usage. Similarly, the adjective **embarazada** (literally *hindered, encumbered*) has become the most common euphemism for **preñada,** *pregnant.* Observe, too, that no personal **a** follows the expression **dar a luz.**

Dio a luz un varón.	*She gave birth to a boy.*
La mujer del senador **dio a luz** mellizos en el hospital naval.	*The senator's wife gave birth to twins in the naval hospital.*
Yo soy la madre que te parió y te conozco bien.	*I'm the mother who gave birth to you, and I know you well.*
La gata **parió** tres gatitos.	*The cat had (gave birth to) three kittens.*
Ella vivió en esta casa cuando estaba **embarazada.**	*She lived in this house when she was pregnant.*

I2

aspirar a	to aspire
la aspiración	aspiration, ambition
la ambición	ambition
ambicioso	ambitious

Aspirar, when it means *to aspire,* always takes the preposition **a. Aspiración** rather than **ambición** is often used to translate English *ambition,* for **ambición** and **ambicioso** frequently have strongly negative connotations that are lacking in their English cognates. The words normally imply that the person is overly or ruthlessly ambitious or desirous of power, riches, or fame. To avoid this connotation and to translate in a positive sense the normal meaning of English *ambition,* one can in most cases use the word **aspiración** or an expression with **aspirar a.**

La **aspiración** de Mario era ser un famoso médico.

Mario's ambition (aspiration) was to be (become) a famous doctor.

La **ambición** de Alejandro Magno hizo posible la conquista del imperio persa.

The ambition of Alexander the Great made possible the conquest of the Persian Empire.

Enrique II de Castilla, por ser tan **ambicioso,** asesinó a su hermano.

Enrique II of Castile, because he was so ruthlessly ambitious, murdered his brother.

13

el hogar	home
la casa	house, home
el domicilio	house, home

Spanish **hogar** (which also means *hearth* or *fireplace*) is used less than its closest translation equivalent *home*. In English, *home* is often merely a synonym for *house*, in the sense of a dwelling inhabited by people. In Spanish, however, **hogar** almost always has a personal or emotional connotation of family ties, comfort, refuge, etc., which is often lacking in the context of the English *home*. **Domicilio** also means *house, home* but most often in a context that indicates it is one's legal residence or address.

Lo que busco es la tranquilidad del **hogar.**

What I am looking for is the tranquility of home.

Para muchos niños abandonados, la calle es su único **hogar.**

For many abandoned children, the street is their only home.

Vamos a **casa.**

Let's go home.

Lo seguí hasta su **casa.**

I followed him to (as far as his home (house).

Su dirección postal es diferente de la de su **domicilio.**

His mailing address is different from that of his home (residence).

Entregamos las compras a **domicilio.**

We deliver your purchases to your home

14

la paga	payment, pay
el pago	payment, pay
pagar	to pay (for)

Paga and **pago** are similar, for both indicate payment made in return for something. Of the two, **pago** has the broader meaning, for it embraces any amount of money paid for something. **Pago** normally indicates monetary payment, but it can also indicate intangible payment, such as the non-monetary recognition or compensation one gets for something done. **Paga** is the payment or pay given on a regular basis as wages or compensation for work. Also, remember that the verb **pagar** means both *to pay* and *to pay for*. Therefore, the preposition **por** is used with **pagar** only when the specific amount paid in exchange for something is indicated.

El **pago** del rescate se efectuó en un café.	*Payment of the ransom was made in a cafe.*
Necesito la beca para el **pago** de la matrícula.	*I need the scholarship for the payment of (for paying) tuition.*
Este es el **pago** que me dan por defender a los amigos.	*This is the payment (the reward) they give me for defending my friends.*
He gastado toda la **paga** en regalos para mis niños.	*I spent all my pay on gifts for my children.*
Deben a los soldados dos meses de **paga.**	*They owe the soldiers two months' pay.*
¿Quién **pagó** la llamada a Madrid?	*Who paid for the call to Madrid?*
Pagué veinte dólares **por** la llamada.	*I paid twenty dollars for the call.*

Ejercicios

Comprensión de la lectura

De las cuatro respuestas que se indican para cada pregunta, seleccione Ud. la correcta, de acuerdo con el ensayo. También indique brevemente por qué las otras opciones son incorrectas.

1. La mujer que trabaja fuera de casa suele cuidar su aspecto más que el hombre por _____.
   a. su vanidad personal
   b. el acondicionamiento social
   c. su miedo a engordar
   d. el deseo de agradar al hombre

2. El hecho de que ahora muchas mujeres ingresen en las Facultades de Medicina, Derecho, Comercio y otras, demuestra que _____.
   a. la mujer ya es libre para escoger su carrera
   b. por ser mayoría, la mujer realiza ya sus deseos
   c. el hombre no impide ya avanzar a la mujer
   d. ha mejorado mucho la vida de la mujer

3. Las sociedades deben eliminar los privilegios del sexo porque _____.
   a. la mujer es más débil y necesita la protección del hombre
   b. sólo la mujer puede concebir hijos y dar a luz
   c. sólo así podrá haber justicia social
   d. la mujer siempre ha ganado menos que el hombre

4. Para que haya verdadera igualdad entre los sexos en los Estados Unidos, es necesario primero _____.
   a. aprobar una enmienda a la Constitución del país
   b. elegir a una mujer para un cargo político verdaderamente importante
   c. modificar las actitudes respecto a los papeles sociales de la mujer
   d. asegurar a los hombres que las mujeres no les amenazan en los negocios

La palabra adecuada

A. Para cada frase que sigue, elija Ud. la palabra o expresión que complete mejor el sentido.

1. _____ del mendigo en el banquete causó un efecto terrible entre los comensales.
   a. la apariencia
   b. el poder
   c. la aparición

2. Estás perdiendo _____ y te quedarás calvo muy joven.
   a. barba
   b. vello
   c. pelo

3. Eran unos guerrilleros que vivían como _____ en el bosque.
   a. silvestres
   b. primitivos
   c. salvajes

4. Este mes tenemos que dar _____ extra al jardinero.
   a. un pago
   b. un salario
   c. una paga

B. De acuerdo con las notas de **Expansión de vocabulario,** utilice la palabra o expresión que complete mejor el sentido de cada frase. En algunos casos puede haber más de una palabra apropiada.

1. Su gran _____ era llegar a ser astronauta.

2. El «guru» tenía un _____ hipnótico sobre sus seguidores.

3. Parece imposible, pero esa mujer ha _____ doce hijos.

4. Algunos médicos creen que el comer ciertas verduras y legumbres ayuda a _____ ciertas clases de cáncer.

C. Complete las frases que siguen, escogiendo las palabras que mejor correspondan al sentido, modificándolas gramaticalmente siempre que sea necesario. No use ninguna palabra más de una vez.

arruga	hembra	evitar	eludir
flaco	engordar	apariencia	facultad
aparición	hogar	guardar la línea	maquillaje
domicilio	cargar con	aspecto	ejercer

1. Si encuentran un cóndor _____ para el jardín zoológico, se podrá _____ que la especie desaparezca.

2. A pesar de que usaba mucho _____, a su edad ya no podía cubrirse todas las _____ de la cara.

3. Juan _____ su profesión de abogado en Los Ángeles, pero tiene su _____ en San Diego.

4. Ese hombre tan _____ tenía la _____ de un fantasma.

Preguntas textuales

1. ¿Qué profesiones que antes eran asequibles a muy pocas mujeres están ahora abiertas para muchas?

2. ¿Qué opciones tiene la mujer con respecto al trabajo y a la maternidad?

3. ¿Qué consecuencias tiene la discriminación sexual en la vida económica de la mujer?

Tareas complementarias

A. Obtener fuera de clase información sobre una mujer hispana ilustre (Sor Juana Inés de la Cruz. Gabriela Mistral, Frida Khalo. Eva Perón, Violeta Chamorro, Rigoberta Menchú, etc.) y presentar en clase un informe oral sobre esa mujer, incluyendo su retrato, y enfatizando los prejuicios y dificultades que debió vencer para cumplir su tarea.

B. Diálogo entre una abuela y su nieta en el que discutan el papel de la mujer, de acuerdo con el punto de vista que corresponde a cada generación. El diálogo puede hacerse entre dos estudiantes con la participación de toda la clase. Un grupo de alumnos le proporcionará ideas a la abuela (los placeres de la vida doméstica; la tranquilidad del hogar y los peligros de la calle ; las necesidades de los hijos y del marido; el gusto por la cocina y las tareas domésticas, etc.). Otro grupo ayudará a la nieta (igualdad de los sexos; igualdad de posibilidades y responsabilidades; satisfacciones del trabajo fuera del hogar; combinación de tareas domésticas y trabajo exterior; libertad económica con respecto al marido; potencial humano de cada ser, etc.)

C. Discutir (agrupando por separado a los hombres y las mujeres del curso) el papel del hombre en una sociedad donde la mujer esté totalmente liberada, teniendo en cuenta los prejuicios tradicionales con respecto a la actividad masculina, los cambios psicológicos que el hombre debe experimentar para ajustarse a una nueva vida, la participación masculina en las tareas del hogar y el cuidado de los niños; los desajustes creados en la relación de pareja debido a esos cambios, etc.

D. Traer a clase avisos comerciales de diarios y revistas en que se evidencien las diferencias de los roles adjudicados por la sociedad a las mujeres (limpieza de la casa, cuidado de los niños, alimentación de la familia, juegos con muñecas, etc.) en comparación con los roles masculinos (conducción de negocios, economía, política, viajes, juegos con armas o cohetes espaciales, etc.) Observar también los mensajes indirectos y los símbolos ocultos en relación con esos roles.

6 La destrucción del medio ambiente

I. Prelectura

Ejercicios para despertar ideas en la clase anterior a la lectura.

Palabras útiles

amenazar	to threaten
contaminación	contamination, pollution
contaminado	contaminated, polluted
dañar	to harm
daño	harm
destruir	to destroy
peligro	danger
peligroso	dangerous
perjudicar	to harm
polución	pollution
sanear	to clean up

Preguntas preliminares

1. Hable del principal problema de contaminación ambiental del lugar donde Ud. vive y diga qué recomendaría que se hiciera para remediar sus efectos. (**Sugerencias:** reciclar, usar menos automóviles particulares; usar menos papel, aluminio, plásticos; plantar árboles; enérgica acción política.)

2. Explique hasta qué punto hay una verdadera preocupación por el medio ambiente entre las personas de su edad. Explique también cómo se manifiesta esa preocupación y qué acciones positivas ha originado de parte de cada uno.

II. Lectura

Es muy común hablar de la necesidad de proteger el **medio ambiente**[1] ante los excesos° de nuestra moderna sociedad industrial. Pero en realidad, el problema de la destrucción de la naturaleza no es un fenómeno nuevo, ni es justo considerar a la industria moderna como la única entidad° responsable. Hay otros factores que también han contribuido al deterioro de nuestro medio ambiente.

    excesses, abuses

    entity

La existencia del hombre sobre la tierra siempre ha implicado un conflicto con la naturaleza. Es probable que este conflicto se manifestara por primera vez cuando los cazadores paleolíticos, nuestros remotos antepasados, exterminaron ciertas especies° animales para sobrevivir°. En una etapa más avanzada, la de la civilización agrícola, los agricultores cortaron y quemaron árboles para **despejar**[2] los **bosques**[3] y conseguir así más terrenos para **sembrar**[4]. Como consecuencia de esa acción, y a través de las diferentes eras de la historia humana, los bosques y las **selvas**[5] han ido disminuyendo en cantidad y extensión. Aunque este proceso ha sido detenido en ciertos países en el siglo XX mediante una política° de repoblación forestal°, en otros, sobre todo en Asia, África y Sudamérica, esa destrucción forestal continúa. En los países pobres del mundo es donde más se observan las consecuencias de la deforestación provocada por esa necesidad de extender el terreno para la agricultura o por otras necesidades como la de obtener combustible° y la de conseguir madera para exportación.

    species
    to survive

    policy,
    reforestation

    fuel

El ser humano ha podido así roturar° y sembrar más tierra pero ha contribuido también a la erosión creciente del suelo. Por ignorancia, tanto como por necesidad, nuestros antepasados nos han dejado un suelo empobrecido y agotado° por el peso de muchos siglos de civilización agrícola. En España, por ejemplo, el empobrecimiento de la tierra ha sido evidente desde hace mucho tiempo. Los grandes bosques de la Edad Media se destruyeron al utilizarse la madera en la construcción de **barcos**[6] para convertir el país en una gran potencia naval. La pérdida de esos árboles, a veces centenarios° y de difícil regeneración, dejó grandes zonas del país vulnerables a la erosión del viento y del agua. Los terrenos, desprovistos° de defensas naturales, perdieron la capacidad de absorber y **conservar**[7] el agua de lluvia; muchos ríos quedaron así casi sin agua, y otros más pequeños se secaron del todo°.

    to break, to plow
    for the first
    time
    exhausted

    hundreds of years
    old
    deprived

    completely

Las tierras de inferior calidad que sólo servían para pastar°, fueron *grazing*
devastadas por animales herbívoros. En la época medieval, cuando
España era el primer país europeo productor de lana, los enormes **re-**
baños[8] de ovejas dejaron inmensas extensiones sin vegetación alguna. Algo similar pasaría siglos después en el sudoeste de los Estados
Unidos donde vastas manadas de reses° dejaron la tierra sin la capa   *cattle*
protectora de vegetación. En fin, la explotación ganadera° ha contri-   *cattle-raising*
buido, lo mismo que la agrícola, a la destrucción de bosques, prade-
ras y montes, a la erosión del suelo fértil y a la pérdida de ríos y
lagos.

A pesar del avance de los conocimientos humanos, el conflicto del
hombre con la naturaleza se ha agravado°. En nuestra era tecnológi-   *has become more*
ca, la industria ha beneficiado al ser humano y ha fomentado enor-   *serious*
memente su progreso material, pero ha creado también nuevos
problemas ambientales°. A partir de la Revolución Industrial, que se   *environmental*
produjo primero en Inglaterra, y luego en otros países europeos, aparece ya la contaminación provocada por la industria, que hoy en día
es un problema casi universal y que afecta tanto a los países ricos como a los pobres. En muchos países pobres, donde la polución es muy
fuerte, apenas se presta atención al problema por el excesivo gasto
que requieren la limpieza y conservación del ambiente. El poco capital disponible° se utiliza en aumentar la producción industrial y en   *available*
crear más empleos, y no en tareas de mantenimiento del medio ambiente.

Los que vivimos en ciudades como Houston, Los Angeles, México,
Madrid, Tokio y Atenas sabemos que dadas ciertas condiciones at-
mosféricas, los gases de los automóviles, al combinarse con la contaminación industrial, crean *smog* y tornan al aire dañino° y casi   *harmful*
irrespirable. Las personas que no tienen más remedio que° vivir cerca   *who have no*
de refinerías de petróleo o de fábricas como las de cemento o de pro-   *other choice*
ductos químicos **padecen**[9] más enfermedades respiratorias graves   *than*
que el resto de la población.

La contaminación de las aguas es también un fenómeno moderno.
Ya hemos hablado de la «lluvia ácida» que envenena aguas alejadas
de la fuente° de contaminación. Pero a menudo esa contaminación es   *source*
producida por las fábricas que **arrojan**[10] sus **desperdicios**[11] industriales directamente a ríos y lagos. En muchos países existen leyes
que obligan a las compañías a filtrar o purificar previamente estos
desechos, pero en ocasiones las purificadoras se **estropean**[12] o fun-
cionan mal, o las compañías hacen caso omiso de° los reglamentos°.   *ignore, disregard*
                                                                      regulations,
Pero no son las industrias las únicas culpables; a veces los agricul-   *rules*
tores mismos usan insecticidas o herbicidas de demasiada potencia o
en excesiva cantidad. Esas sustancias son productos químicos, cuyos
elementos muchas veces no se descomponen con facilidad y por eso
no pierden su toxicidad. Acarreados° después por la lluvia, llegan a   *transported,*
los ríos donde matan peces y otras formas de vida animal. Hay ríos,   *carried along*

lagos, lagunas y estuarios en los que ya no existen peces, reptiles ni aves acuáticas. Los grandes **océanos**[13] tampoco están a salvo de° la contaminación industrial. Si un gran buque petrolero° se hunde cerca de la costa o, lo que es más frecuente, se rompen los caños de una explotación submarina de petróleo, el mar puede contaminarse de tal forma que la pesca de mariscos y de peces queda anulada durante años, causando un desastre económico para la región. El mar sirve también para el desagüe° de los desperdicios humanos. En muchos sitios las aguas están tan infectadas que ya nadie puede **bañarse**[14] en ellas. Ocurre esto en varias costas del mar Mediterráneo que es, irónicamente, la cuna de nuestra civilización occidental.

safe from
oil tanker

outlet, drain

La tierra sufre también contaminación como el aire y el agua, pero acrecentada° por la acción que estos elementos ejercen sobre ella. En años recientes, se ha descubierto que muchos lugares usados por la minería y la industria química para depositar o enterrar los residuos, son ahora focos de amenaza para la vida humana A veces encierran sustancias que producen cáncer u otras enfermedades graves. Estas sustancias peligrosas se han ido filtrando, debido a la acción de las lluvias, hasta las capas subterráneas donde emponzoñan° la napa° de agua potable°. Las inundaciones o lluvias muy fuertes extienden o llevan, a veces, la contaminación a terrenos adyacentes donde se cultivan jardines y huertas°.

increased

they poison,
*   underground*
*   sheet*
drinkable,
*   potable,*
gardens, orchards

Hoy, que sabemos mucho más acerca de la naturaleza y del ambiente, podemos disculpar los destrozos ambientales causados por la ignorancia de nuestros antepasados y por su explotación, excesiva aunque muchas veces necesaria, de los recursos naturales. El movimiento ecologista ha aguzado° aún más nuestra conciencia del problema. Ello nos obliga a adoptar, como ya se está haciendo en muchos sitios, una nueva política ambiental. Debemos seguir fomentando la industria, pero sin olvidarnos de la ecología. El mundo ya no puede permitirse el lujo de mantener una mentalidad egoísta y materialista en perjuicio de° todos los otros valores y aun de la vida misma.

has sharpened

to the detriment

Ya hay señales esperanzadoras° de un cambio de actitud. Crece en el mundo el interés por la ecología y por la conservación de la naturaleza. Junto a este interés existe una preocupación por restaurar en lo posible lo que ya se ha perdido: limpiar los ríos contaminados para que vuelvan a llenarse de peces y para que sus aguas **recobren**[15] la calidad que tenían, repoblar con árboles grandes extensiones de tierra deforestada, convertir territorios desérticos en nuevas zonas de vegetación. Las futuras generaciones nos juzgarán por el éxito que tengamos en esta tarea de conservar y mejorar la tierra en que todos tenemos que vivir.

hopeful

Expansión de vocabulario

I

el medio ambiente	environment
el medio	surroundings, environment
el ambiente	environment; atmosphere (fig.)
la atmósfera	atmosphere (phys.)

The English word *environment*, especially in the sense of our natural physical environment, is translated as **medio ambiente,** a compound of two nouns of similar meaning. **Medio** refers to the element or place in which people (or animals) live; it sometimes has a social connotation. **Ambiente** is our surroundings in general, especially as they influence our lives. By extension, **ambiente** may be used for the psychological climate or atmosphere of a given place. **Atmósfera** refers to the air or gases surrounding the earth or any other celestial body.

Los ecologistas quieren proteger el **medio ambiente.**	*Ecologists want to protect the environment.*
Juan pasó su juventud en un **medio** rural.	*Juan spent his youth in a rural environment (setting).*
Los peces viven en un **medio** acuático.	*Fish live in an aquatic environment.*
El **ambiente** cultural y político de San Francisco y Los Angeles son muy diferentes.	*The cultural and political environments of San Francisco and Los Angeles are very different.*
El **ambiente** de este restaurante no me gusta nada.	*I don't like the atmosphere of this restaurant at all.*
¿Cómo es la **atmósfera** de Marte?	*What is the atmosphere of Mars like?*

2

despejar	to clear [out], to clarify
aclarar	to clear, to clarify; to thin

The meanings of **despejar** and **aclarar** coincide in certain contexts. **Despejar** is preferable for most equivalents of English *to clear* or *to clear out (up, off)*, that is, when the meaning is to remove that which is occupying, obstructing, or blocking something. As the root **claro** *(bright, light)* implies, **aclarar** means *to make less dark* or *more transparent in color* or *thinner* when referring to liquids. **Aclarar** also means *to clear up* or *to clarify* the understanding of something, a meaning sometimes shared by **despejar.** Both verbs can be used reflexively and with a direct object as shown in the following examples.

La policía de Seattle **está despejando** la plaza de manifestantes.	*The Seattle police are clearing the square of protesters.*
Tuve que **despejar** la mesa para poder escribir.	*I had to clear the table to be able to write.*
Ella salió a tomar aire para **despejarse** la cabeza.	*She went out to get some fresh air in order to clear her head.*
Tu explicación **ha aclarado (despejado)** algunas de mis dudas.	*Your explanation has clarified (cleared up) some of my doubts.*
Debes **aclarar** un poco la sopa.	*You should thin the soup a bit.*
Se **aclaró (despejó)** el cielo de nubes antes de que llegáramos.	*The sky cleared [up] before we arrived.*

3

el bosque	forest, woods
la selva	forest, woods, jungle
la jungla	jungle

Bosque and **selva** are close synonyms in Spanish. **Bosque** has the broader meaning, for the word implies no limitations as to density or sparsity of trees, or whether they are growing naturally or were planted by man. **Selva,** however, is used only for extensive, natural areas of thick arboreal growth. **Jungla,** *jungle,* a word originally borrowed from English, is used much less in Spanish than **selva.** It implies thick, entangled vegetation, arboreal or not, and is used mostly in reference to certain parts of India and Asia. **Jungla** is, however, often used metaphorically.

En California y Oregón hay hermosos **bosques** de pino Douglas y cedro rojo.	*In California and Oregon there are beautiful forests of Douglas fir and redwoods.*
La lluvia ácida ha destruido muchos pinos en la **Selva Negra.**	*Acid rain has destroyed many pines in the Black Forest.*
La acción de la novela ocurre en la **selva** ecuatorial.	*The action of the novel takes place in the equatorial forest (jungle).*
Todavía hay tigres en las **junglas** de la India.	*There are still tigers in the jungles of India.*
Estoy perdido en una **jungla** de problemas.	*I'm lost in a jungle (labyrinth) of problems.*

4

sembrar	to plant, to sow
plantar	to plant
el sembrado	field, plot
el campo	field, countryside

Sembrar is *to plant seeds*. It also renders *to sow* but is used far more than this English translation equivalent. **Plantar,** too, means *to plant* and generally is used for everything but seeds. The general word for *field*, **el campo,** is usually replaced by **el sembrado** when referring to a planted field or terrain, or one which is normally planted with seeds in season.

Este año nosotros **sembraremos** rábanos, guisantes y lechugas.	*This year we will plant radishes, peas, and lettuce.*
La alfalfa recién **sembrada** ha brotado con exuberancia.	*The recently planted alfalfa has sprouted with exuberance.*
Los vecinos **plantaron** pinos delante de la casa.	*The neighbors planted pine trees in front of the house.*
Mi esposa **ha plantado** geranios, en el jardín.	*My wife has planted geraniums in the garden.*
Los **sembrados** de trigo suelen ser más pequeños en Francia que en los Estados Unidos.	*The wheat fields (fields of wheat) are usually smaller in France than in the United States.*
Algún día nosotros vamos a **sembrar** de maíz esos **campos.**	*Someday we are going to plant (sow) those fields with corn.*

5

el barco	boat, ship
la barca	small boat
el buque	ship
el bote (de remos)	(row) boat
la embarcación	vessel, boat
la nave	ship

Careful English usage distinguishes between *boat,* a smaller open vessel, and *ship,* a larger vessel capable of deep-sea or ocean navigation. In everyday usage, *boat* is often used for what is properly a *ship.* In Spanish, **barca** always indicates a very small boat suitable for fishing and navigating in lakes, rivers, and some coastal waters. **Barco** is the most commonly used of all the words above. It is always larger than a **barca** and may be used for transporting cargo or passengers. **Barco** may translate either *boat* or *ship* in English. When, however, one refers to a large warship or ocean-going vessel, **buque** usually replaces **barco. Bote,** less commonly used in Spain than **barca,** is a small, flat boat propelled by oars. **Embarcación** doesn't have any particular shape or size but is a generic term referring to *water-going vessels* or *boats.* Finally, **nave** is especially common for *ship* in metaphorical language, but is used very little in everyday language.

En el puerto se ven **barcas** de pescadores.	*In the port you can see fishing boats.*
Mañana se botará en Norfolk otro **buque** de guerra.	*In Norfolk they will launch another warship tomorrow.*
Un **buque** petrolero se hundió cerca de la costa francesa.	*An oil tanker sank off the French coast.*
En el Río Amarillo vimos muchas de esas **embarcaciones** que se llaman sampanes.	*On the Yellow River we saw many of those boats (vessels) called sampans.*
Katherine Anne Porter escribió la novela "La **nave** de los locos".	*Katherine Anne Porter wrote the novel Ship of Fools.*
En la *Guerra de las galaxias* aparecen muchas **naves** espaciales.	*In Star Wars there are many spaceships.*

6

conservar	to preserve, to keep, to conserve
preservar	to protect; to preserve
guardar	to keep, to preserve

The English words *to preserve* and *to conserve* overlap somewhat in meaning. However, *preserve* is the more common word; its principal meanings include *to keep something in an unchanged condition* and *to keep food from spoiling. To conserve* is *to keep something from harm* or *decay* or *to keep it safe for future use.* In Spanish it is **conservar** which is by far the more common word, and it translates in almost all instances of the English *to preserve.* Spanish **preservar** is a synonym of **proteger,** *to protect,* and indicates keeping something safe from danger or harm. **Guardar** also means *to keep* or *to conserve* something, but mostly in the sense of simply storing it or putting it aside for future use.

Todos queremos aprender cómo **conservar** nuestra salud.	*We all want to learn how to preserve (keep) our health.*
Portugal luchaba entonces por **conservar** sus colonias.	*Portugal was fighting then to keep (to preserve) its colonies.*
En las cámaras refrigeradoras **se conservan** frescas las frutas y verduras.	*In the refrigerated cases they keep the fruit and vegetables fresh.*
Las Naciones Unidas tratan de **preservar** la paz.	*The United Nations tries to protect (preserve, keep) peace.*
Tenemos que luchar por **preservar** nuestra libertad.	*We must fight to protect our liberty.*
Guarda ese dinero en la caja fuerte.	*Keep that money in the safe-deposit box.*

7

el rebaño	flock
la bandada	flock
la manada	herd
el hato	herd, flock

English *flock* is rendered by **el rebaño** when referring to sheep or goats, but by **bandada** when speaking of birds or fowl. **La manada** is the standard word for *herd* when speaking of cattle, or of wild animals that move or run together, such as zebras, buffalo, elephants, etc. **El hato,** a more formal word, can refer to either a herd or flock of domestic animals, but usually suggests that the group is smaller than a **rebaño** or that the animals are corraled or in the immediate care of shepherds, goatherders, etc.

Los pastores cuidan un **rebaño** de ovejas.	*The pastors (shepherds) care for a flock of sheep.*
Carlos llevaba todos los días la **manada** de vacas al río.	*Everyday Carlos took the herd of cows to the river.*
Otra **bandada** de estorninos llenó la copa del árbol.	*Another flock of starlings filled the top of the tree.*
El cabrero se acercaba guiando un **hato** de cabras.	*The goat herder approached, leading a flock of goats.*

8

padecer	to suffer, to endure
sufrir	to suffer, to endure

To suffer is *to be subjected to* or *to endure physical pain, emotional grief, distress,* or *loss.* **Padecer** and **sufrir** both give these meanings. **Sufrir,** however, is the more commonly used verb and its meanings include those of **padecer,** which may replace **sufrir** in contexts involving serious pain or chronic illness. Note that **sufrir** and **padecer** may both be followed by the preposition **de.**

Las personas que **padecen** de artritis son numerosas.	*The number of persons who suffer from arthritis is large.*
Él se suicidó debido a la enfermedad crónica que **padecía.**	*He committed suicide because of the chronic illness he suffered.*
Ella **sufre** la dura experiencia de tener que vivir en el exilio.	*She is suffering (enduring) the harsh experience of having to live in exile.*
Los soldados **sufrieron** un accidente de tránsito en Guadalajara.	*The soldiers were in (had, suffered) a traffic accident in Guadalajara.*

9

arrojar	to throw, to hurl, to fling
tirar	to throw, to cast, to throw away
lanzar	to throw, to hurl, to fling
echar	to throw, to cast, to toss, to fling

There is no absolute difference between *to throw* and its most common synonyms in English. However, *to hurl* and *to fling* normally indicate *to throw with considerable force,* whereas *to toss* usually suggests *to throw something light in weight in a less forceful way.* Likewise, the four Spanish verbs above indicating *to throw* have meanings that overlap. **Arrojar,** which may be rendered by *to dump* in the essay example, usually suggests considerable force, precipitation, or even violence in the action. **Tirar,** the most common of the four verbs, means *to throw anything through or into the air.* This is also the basic meaning of **lanzar.** (Both verbs mean *to pitch* in

Spanish America, and **tirador** and **lanzador** are both used for *baseball pitcher*.) **Tirar** is also the standard verb for *to throw away* or *to throw out* in the sense of discarding something. The English equivalent of **echar** is *to toss*. Nonetheless, both **echar** and **arrojar** *translate to throw someone out of some place* or *to dismiss* or *to fire* someone from a job.

El mar **ha arrojado** a la playa el cadáver de un francés.	*The sea has thrown the body of a Frenchman up onto the beach.*
Él **se arrojó (tiró, lanzó)** desde la azotea a la calle.	*He threw himself from the roof onto the street.*
Los niños le **tiraron** piedras al forastero.	*The children threw stones at the stranger.*
La estrella de los Dodgers (Esquivadores) **tira (lanza)** la pelota a una velocidad de 95 millas por hora.	*The Dodgers' star throws the ball at a speed of 95 miles per hour.*
Ayer **lanzaron** otro cohete al espacio.	*Yesterday they launched another rocket into space.*
Debes **tirar** ya esas zapatillas viejas.	*You should throw away those old slippers.*
Los suizos **echaron** al estudiante extranjero del país.	*The Swiss expelled the foreign student from the country.*
A mi hermana la **echaron** de su trabajo.	*They dismissed (fired) my sister from her job.*

IO

el desperdicio	waste, residue
el desecho	waste, residue
la basura	trash, garbage, rubbish
desperdiciar	to waste
desechar	to throw out, to reject, not to use

Desperdicio and **desecho** (used in the singular and plural) both translate *waste* in the sense *of that which is left over after something is made or produced,* and *that which is thrown away because it's not wanted.* **Desperdicio** also indicates that part of something (especially food) which either isn't usable or isn't used because of carelessness, lack of thriftiness, etc. **Desecho** is synonymous with **desperdicio** but is used little for food, and it may stress the total worthlessness of what is discarded. **Basura** may render either *trash* or *garbage*, because Spanish doesn't make an absolute distinction between organic and inorganic wastes. Notice the special meaning of **desechar** which also *means not to use something* or *to reject an idea because it seems bad* or *useless*.

Usaban los **desperdicios** del restaurante para dar de comer a los cerdos.	*They used the garbage (waste) from the restaurant to feed the hogs.*
Los niños estaban jugando con los **desechos** metálicos de la fábrica.	*The children were playing with scrap metal from the factory.*
Él es un mal cocinero y **desperdició** lo más sabroso del pescado.	*He's a bad cook and wasted the tastiest part of the fish.*
Han desechado (tirado) la ropa porque estaba muy gastada.	*They threw out the clothes because they were very worn.*
Mi abuela **desechó** la idea de comprar un condominio.	*My grandmother rejected (turned down) the idea of buying a condominium.*
Los basureros recogen la **basura** a las cinco de la mañana.	*The trash (garbage) collectors pick up the trash (garbage) at 5:00 A.M.*

II

estropear(se)	to ruin, to damage, to spoil; to break down (reflex.)
averiar(se)	to ruin, to damage, to spoil; to break down (reflex.)
echar(se) a perder	to spoil, to ruin, to go bad
arruinar(se)	to ruin

In certain uses, the Spanish words for *to ruin* and *to spoil* are close synonyms. Of the verbs above, **estropear** has the highest frequency of use and the broadest range of meanings. It indicates *to damage or greatly impair the usefulness of something*. It also indicates *to spoil* in the sense of *to cause a plan or project to fail*. **Estropearse** is very commonly used to indicate that something *has broken down* or *is not working*. However, when the breakdown is in a vehicle, machine, or

major appliance, **averiar(se)** tends to replace **estropear(se).**
Echar(se) a perder refers mostly to foods and beverages, although
metaphorically it may be used for persons or things that lose their
good qualities. Finally, **arruinar** means *to ruin* mostly in a financial
sense, although sometimes it is applied to health or to indicate very
great physical damage to things.

La lluvia **estropeó** nuestra excursión al campo.	*The rain spoiled (ruined) our excursion to the country.*
El molinillo de café está **estropeado.**	*The coffee grinder is broken.*
Se me **averió (estropeó)** el coche en la carretera.	*My car broke down on the highway.*
Si usas tanta sal, **echarás a perder** la sopa.	*If you use too much salt, you'll ruin the soup.*
Con el mucho calor, **se echó a perder** la ensalada de papas.	*Because of the very hot weather, the potato salad spoiled (went bad).*
Alexis juró que **arruinaría** a su ex marido.	*Alexis swore that she would ruin (bankrupt) her former husband.*
El beber tanto le **ha arruinado (estropeado)** la salud.	*Drinking too much has ruined his health.*

12

el océano	ocean
el mar	sea, ocean

El océano is used less than its English cognate *ocean*. Unless an
ocean is referred to by its specific geographic name, el **océano
Índico,** *the Indian Ocean,* for example, Spanish normally uses **el mar**
to render *ocean*. **Mar,** of course also renders English *sea*. **Mar** is used
less as a feminine noun in Spanish than as a masculine noun. **La mar**
normally reflects poetic or dialectal usage or is restricted to the language of fishermen, sailors, etc. However, if the name of a particular
sea is mentioned, **mar** is always masculine: **el mar Negro,** *the Black
Sea.*

El **mar** cubre las tres cuartas partes de la tierra.

The ocean covers three-quarters of the earth.

El **Pácifico** es el más grande de todos los **océanos.**

The Pacific is the largest of all the oceans.

¿Quieres pasar las vacaciones cerca del **mar** o en las montañas?

Do you want to spend your vacation near the ocean (sea) or in the mountains?

I3

bañarse	to bathe, to swim, to go swimming
nadar	to swim
la natación	swimming

English *to bathe* means *to take a bath* or *to wash oneself. To bathe* can also mean *to go swimming* or *to swim,* although this usage is becoming increasingly more obsolete in modern English. In Spanish, however, **bañarse** often has the meaning of *to go swimming* or *to swim.* **Nadar** renders *to swim* specifically in the sense of *movement,* of *propelling oneself through the water by means of arm and leg movements.*

Hoy ellos han ido a **bañarse** a Malibú.

Today they went swimming at Malibu.

Ellos **están bañándose** en el río.

They are swimming in the river.

El perro **nadó** hasta la otra orilla.

The dog swam to the other shore.

La **natación** es mi deporte favorito.

Swimming is my favorite sport.

I4

recobrar	to recover, to recuperate
recuperar	to recover, to recuperate

Just as in English, *to recuperate* and *to recover* mean *to regain what one has lost,* so also do **recobrar** and the more formal **recuperar** share this meaning. Both verbs can also be used reflexively to mean *to recover* or *to get better after an illness,* although **recuperarse** by itsef implies a fuller recovery than does **recobrarse.**

La joven ciega **ha recobrado (recuperado)** la vista.	*The young blind woman has regained her eyesight.*
Quiero **recuperar (recobrar)** mi antiguo empleo.	*I want to get my old job back.*
Antes del descubrimiento de los antibióticos, poca gente se **recuperaba** de la tuberculosis.	*Before the discovery of antibiotics, few people recovered from tuberculosis.*

Ejercicios

Comprensión de la lectura

De las cuatro respuestas que se indican para cada pregunta, seleccione Ud. la correcta de acuerdo con el ensayo. También indique brevemente por qué las otras opciones son incorrectas.

1. La destrucción de bosques y selvas _____.
   a. empezó con los cazadores paleolíticos
   b. ha sido causada por necesidades agrícolas
   c. no se podrá detener nunca
   d. será peor en el futuro que ahora

2. Muchos bosques en España desaparecieron hace siglos _____.
   a. por la acción directa del hombre
   b. al secarse los ríos
   c. por la acción de rebaños de ovejas
   d. al erosionarse el suelo

3. Hoy en día la contaminación industrial del medio ambiente _____.
   a. afecta más a los países ricos
   b. afecta poco a los países pobres
   c. se puede controlar mejor en los países ricos
   d. se puede controlar mejor en los países pobres

4. Un ejemplo de la contaminación deliberada de las aguas es el _____.
   a. uso de insecticidas fuertes para la agricultura
   b. mal funcionamiento de las purificadoras de residuos industriales
   c. hundimiento de un gran buque petrolero
   d. uso del mar como desagüe de desperdicios humanos

La palabra adecuada

A. Para cada frase que sigue, elija Ud. la palabra o expresión que complete mejor el sentido.

1. En esa época de terrible pobreza nadie hubiera _____ ni una corteza de pan duro.
   a. arrojado
   b. tirado
   c. echado

2. Como el avión se _____, salimos de Dallas con siete horas de retraso.
   a. estropeó
   b. averió
   c. echó a perder

3. _____, que transportaba miles de soldados, se hundió en el Océano Atlántico.
   a. La barca
   b. La nave
   c. El buque

4. El (La) _____ de cuervos comió casi todo el maíz de los campos.
   a. hato
   b. bandada
   c. manada

B. De acuerdo con las notas de **Expansión de vocabulario,** utilice la palabra o expresión que complete mejor el sentido de cada frase. En algunos casos puede haber más de una palabra apropiada.

1. Después del terrible accidente en la autopista, los bomberos tuvieron que _____ la carretera, retirando los automóviles y los cadáveres.

2. Aquí en el campo nosotros _____ en abril y cosechamos en septiembre.

3. A pesar de su edad avanzada, ese actor ha logrado _____ su aspecto juvenil.

4. Carlos está _____ lentamente en la unidad de cuidados intensivos del hospital.

C. Complete las frases que siguen, escogiendo las palabras que mejor correspondan al sentido, modificándolas gramaticalmente siempre que sea necesario. No use ninguna palabra más de una vez.

despejar   aclarar   conservar   bosque
averiar   mar   recuperar   deshecho
sufrir   estropear   jungla   bote
preservar   guardar   buque   tirar

1. Juan Carlos _____ de amnesia durante años, pero luego de repente _____ la memoria.

2. Los ecologistas quería convertir el (la) _____ en un parque nacional para _____ los árboles centenarios.

3. En lugar de _____ la comida que sobraba, el restaurante la _____ para los pobres.

4. Las autoridades tuvieron que _____ el puerto de todas las embarcaciones para que pudiera entrar el enorme _____ lleno de pasajeros.

Preguntas textuales

1. ¿Por qué la Revolución Industrial agravó el conflicto entre el hombre y el medio ambiente?

2. ¿Cómo han llegado a contaminarse los ríos y mares del mundo?

3. Explique dos o tres maneras específicas en que la humanidad puede restaurar en parte los daños causados a la naturaleza.

Tareas complementarias

A. La clase será dividida en cuatro grupos que discutirán la contaminación del aire, del agua y del suelo en una región no determinada: (1) empresarios cuyas fábricas contribuyen con el humo y los desechos industriales a la polución ambiental, (2) agentes del gobierno encargados de la protección del ambiente, (3) habitantes de la ciudad preocupados por la contaminación y sus consecuencias, (4) directivos de un grupo ecologista. Cada grupo debe trabajar en conjunto e informar a la clase sobre sus puntos de vista.

B. En las cercanías de la universidad o colegio en que la clase se desarrolla se va a construir una central de energía nuclear. Un grupo de alumnos defenderá su edificación usando estos u otros argumentos: el avance económico que la central producirá en la región; la necesidad de nuevas fuentes de energía; la aplicación de nuevas técnicas para aminorar los riesgos. Otros grupos se opondrán, aduciendo el peligro de explosiones, la contaminación del suelo, las enfermedades que ese tipo de industria produce, la dificultad de hacer desparecer los desechos nucleares. Se deben usar como ejemplos algunos casos contemporáneos.

C. Durante una reciente reunión de la World Trade Organization, un conjunto de ecologistas manifestó su oposición a la globalización del comercio y de la industria en la medida en que se contribuirá a aumentar la contaminación. La clase discutirá el problema desde dos opuestas perspectivas: (1) La contaminación es el precio que hay que pagar para crear nueva riqueza y empleos; (2) a la larga, es más importante la conservación del ambiente que las ganancias inmediatas.

D. Discútase si los países desarrollados tienen más responsabilidad que los países en vías de desarrollo industrial con respecto a la conservación de la naturaleza y la protección del medio ambiente. Dividir la clase en grupos que defiendan diferentes puntos de vista, y dando como ejemplo la conducta de países conocidos de cualquier parte del mundo.

7 Diversidad étnica y discriminación

I. Prelectura

Ejercicios para despertar ideas en la clase anterior a la lectura.

Palabras útiles

deportar	to deport
discriminar	to discriminate (against)
emigrar	to emigrate; to migrate
ilegal	illegal
inmigrar	to immigrate
llevarse bien con	to get along well with
odiar	to hate
respetar	to respect
tolerar	to tolerate

Preguntas preliminares

1. Explique si hoy en día los jóvenes son más tolerantes o no que sus padres con respecto a las diferencias raciales, étnicas y religiosas. Indique en qué se notan las diferentes actitudes entre las generaciones.

2. En la universidad o escuela donde usted estudia, ¿hay buenas o malas relaciones entre estudiantes de diferentes etnias y razas? Explique si esas relaciones son las típicas del país en general o responden a causas locales o regionales.

II. Lectura

Pocos países presentan la gran riqueza étnica de los Estados Unidos. Como ocurre en cualquier lugar del mundo, la gran variedad de razas, religiones y nacionalidades origina° ciertos problemas. El primero y quizá el más importante consiste en la dificultad de mantener la variedad cultural sin lesionar° la unidad nacional. Los Estados Unidos han podido establecer cierto equilibrio° entre la creciente diversidad y la aceptación de un ideario° común. Pero aunque las leyes se aplican por igual a los diferentes grupos, incluyendo las nacionalidades **extranjeras**[1] traídas por la inmigración, en el plano de la vida cotidiana° hay evidencias de una constante **discriminación**[2], cuando las diferencias se manifiestan claramente en el color de la piel, el apellido, las formas del vestir y las características del **lenguaje**[3]. Es justo reconocer, sin embargo, que salvo los casos esporádicos° de crímenes motivados por el odio racial o religioso, no ha habido en la historia de los Estados Unidos episodios de violencia similares a los que han ocurrido en Bosnia, Kosovo o Timor. De cualquier modo, parecería que los seres humanos aquí y en cualquier parte del mundo, llevados por inconscientes miedos e inseguridades, ven ocultos o inexistentes peligros en toda variación o diferencia.

Los Estados Unidos nacieron como una sociedad integrada. Los indios constituían ya un mosaico de tribus entre las que se reconocen más de cincuenta familias con distintos rasgos, lenguas y costumbres. Es inmensa la herencia cultural dejada por los indios norteamericanos. Las plantas usadas en las poblaciones **indígenas**[4], como el maíz y el tabaco, se incorporaron a la civilización de la colonia y luego a la de Europa. Los norteamericanos usamos todavía inventos indígenas de gran sencillez como la pipa, el tobogán para deslizarnos° en la nieve, el zapato de nieve, los mocasines y la canoa. Aún trabajamos el cuero, sobre todo la piel del venado°, con procedimientos típicamente indígenas. Hay en nuestra lengua muchas palabras indias para nombrar animales (raccoon, moose), plantas (squash) y costumbres (totem, wigwam). Los nombres de muchos estados (Oklahoma, Dakota, Massachusetts) y ríos (Ohio, Susquehanna) tienen también su origen en las lenguas indígenas. Sin embargo, duele pensar en las violentas represiones que durante la época colonial y posteriormente diezmaron° las poblaciones indígenas. Y duele también comprobar° que muchos americanos nativos, aún los que se han enriquecido con el comercio y el juego° en las reservaciones, carecen de libertad plena° en la tierra de sus antepasados.

Sobre esa realidad se vuelca° el muy contado número de colonizadores, casi todos de procedencia inglesa, que vinieron a estas costas en busca de° libertad religiosa y política. Procedían de clases sociales diferentes: por un lado, marinos y comerciantes **educados**[5] en princi-

creates

to hurt
balance
body of ideas

everyday life

rare, sporadic

to slide

deerskin

decimated
to verify
lack, gambling
total, complete
is poured

in pursuit of

pios religiosos y morales; por el otro°, sirvientes y obreros que, atraí- *on the other hand*
dos por los avisos que figuraban en los puertos ingleses, venían a trabajar bajo contrato. A esos pocos seres humanos debemos el establecimiento del inglés como lengua nacional, la creencia religiosa, con
sus muchas diferentes denominaciones y sectas, la ley, el sentido moral y algunars fuentes de nuestra literatura.

Gran atractivo despertó en el mundo desde entonces la aventura de
vivir en América, con sus tierras poco pobladas y faltas de la mano de
obra° necesaria para **explotar**[6] sus imaginadas riquezas. Ello produjo *manpower*
desde temprano una constante corriente inmigratoria, ya fuera voluntaria o involuntaria. En el primer caso, el inmigrante **acudía**[7] al país
libremente; en el segundo, era sometido por la fuerza y trasladado en
beneficio ajeno° como esclavo o bajo un contrato de servidumbre *someone else's*
temporaria denominado *indenture*. Desde 1776 hasta la Guerra Civil,
se produjo de ese último modo la entrada masiva de esclavos africanos: los primeros, un grupo de 20 comprados a tratantes de esclavos° *slave traders*
alemanes, llegaron en verdad en 1619. En tiempos de la Guerra Civil
había ya unos 5.000.000 de norteamericanos negros.

Los negros han contribuido con su inteligencia y con su trabajo al
engrandecimiento nacional. Recordemos algunos nombres: George
Washington Carver, cuyas **aportaciones**[8] a las técnicas agrícolas son
universalmente reconocidas; Langston Hughes, poeta de renombre
también universal; Martin Luther King, premio Nobel de la Paz. Es
indudable el valor de la contribución negra a la industria, las artes,
especialmente la música sagrada, y a la literatura legendaria. La música secular° **ha ingresado**[9] no sólo en la cultura popular de Norte- *nonreligious,*
américa, con el jazz y los "blues" por ejemplo, sino en la cultura de *secular*
ambas Américas, hermanadas° por los ritmos africanos de sus can- *joined like*
ciones y sus **danzas**[10]. *brothers*

Los irlandeses fueron en verdad la primera minoría numerosa
de inmigrantes libres que vinieron en oleadas°. Reproducen, a partir *waves*
de 1820, el esquema de vida de cualquier población: ocupaciones
ínfimas° y mal pagadas, vida en **lugares**[11] miserables y segregados. *lowest, vilest*
Pero poco a poco ese grupo superó las limitaciones sociales a fuerza
de° trabajo. Cierto sentido innato del humor le permitió además so- *by dint of*
brevivir la más fuerte e injusta discriminación. No es extraño que el
acceso a la Presidencia de un católico de procedencia irlandesa, John
F. Kennedy, haya sido considerado como un símbolo de la realiza-
ción del sueño americano de triunfo personal.

Ni los muchos inmigrantes alemanes, ni los demás grupos de la
Europa del norte incorporados a los Estados Unidos desde fines del
siglo XIX y en las primeras décadas del siglo XX, han experimentado° *experienced*
situaciones parecidas debido en gran parte a su mayor educación y a
la gran potencialidad económica de sus individuos inclinados tradicionalmente al estudio de técnicas y al trabajo industrial. Quizá° ra- *perhaps*

zones parecidas expliquen también la relativa falta de discriminación con respecto a la minoría japonesa (salvo el doloroso período de la Segunda Guerra mundial) o a la más reciente población iraní.

La temprana experiencia de los chinos, en cambio, fue muy penosa. Padecieron° injustas leyes de inmigración especialmente dictadas contra ellos y sufrieron un trato realmente **injurioso**[12], sobre todo en la California del siglo XIX. Los italianos y en general los inmigrantes del sur de Europa, que nunca **rompieron**[13] su ligazón° con la patria de origen, sufrieron también persecuciones injustas y fueron obligados a **aprovechar**[14] en su beneficio toda oportunidad, legal o no, que se les abriera.

El grupo hispano, que procede principalmente de Hispanoamérica y no de Europa, es sin duda hoy la minoría más numerosa. Ya muchos de aquellos indígenas primeros pertenecían a familias étnicas mexicanas. La extensa frontera con México facilita hoy el flujo° permanente de inmigrantes documentados o no documentados. La incorporación de Puerto Rico a los Estados Unidos desde fines del siglo XIX creó desde entonces condiciones favorables para el establecimiento de puertorriqueños en algunas zonas del país. Chicanos y puertorriqueños son hoy ciudadanos americanos que gozan de iguales derechos que el resto de la población. A ellos se han agregado constantemente personas procedentes° de casi todos los países de la América Central, sobre todo del Caribe, y de la América del Sur. Los hijos de estos hispanos, muchos de los cuales han ido a la guerra bajo la bandera de los Estados Unidos, son también ciudadanos legítimos. Como consecuencia, la lengua española es hoy la segunda lengua de los Estados Unidos, y lo hispánico forma parte tan indisoluble de su historia, su cultura y sus costumbres, que resulta trágico advertir formas modernas y aparentemente legales de discriminación en los intentos producidos en los últimos años de restringir el acceso de los hispanos a la educación, a la protección social y en general al tipo y al nivel de vida del resto de los ciudadanos.

suffered

link, tie

flow

coming, from

*E*xpansión de vocabulario

I

extranjero	foreign(er)
en el (al) extranjero	abroad
forastero	stranger
exterior	exterior, foreign

Extranjero is a false cognate of English *stranger,* for it actually means *foreigner.* **Forastero** is translated as the English word *stranger.* In the context of international, as opposed to domestic, trade, politics, banking, etc., *foreign* is rendered in Spanish by **exterior,** not **extranjero.**

María habla bien, pero con acento **extranjero.**	*María speaks well but with a foreign accent.*
Su hermano prefiere vivir en el **extranjero.**	*His brother prefers to live abroad.*
Me siento como **forastero** en mi ciudad natal.	*I feel like a stranger in my native city.*
No cambiará mucho la política **exterior** de los Estados Unidos.	*The foreign policy of the United States will not change much.*

2

la discriminación	discrimination; distinction
discriminar	to discriminate; to differentiate

In the text illustration, **discriminación** is used, as is its English cognate, with the meaning *of unfair treatment caused by prejudice toward a specific group* or *type of people.* In Spanish, **segregación** (adj. **segregado**) is sometimes still used with this meaning. However, the verb **discriminar,** unlike English *to discriminate,* is most often a common synonym of **distinguir** and thus has the meaning of *to differentiate* or *to distinguish* between or among intangible objects or ideas.

Siempre me he sentido **discri-minado** en este pueblo.

I have always felt discriminated against in this town.

Los niños no pueden **discriminar** entre la realidad y la fantasía.

Children can't distinguish (differentiate) between reality and fantasy.

3

el lenguaje	language
la lengua	tongue, language
el idioma	language

El lenguaje is used to indicate the specific, peculiar, or characteristic way in which a person or group of persons uses its native language. **La lengua** and its close synonym **el idioma,** however, refer to a recognized or official language, that is, to the linguistic system of communication used by a people or by one or more nations. These words are rarely used as synonyms of **lenguaje.**

Juan usa el **lenguaje** típico de los abogados.

Juan uses language that is typical of lawyers.

Él todavía usa un **lenguaje** muy infantil.

He still uses a very childish language.

Ella ha escrito un artículo sobre el **lenguaje** de los monos.

She has written an article on the language of monkeys.

La **lengua** francesa (el **idioma** francés) se estudia menos ahora que antes.

The French language is studied less now than before.

4

indígena	indigenous, native Indian
indio	Indian
natural	native
nativo	native
hindú	Indian; Hindu

Unlike its more learned English cognate, *indigenous,* **indígena** is a commonly used word in Spanish. It often replaces **indio** in some parts of Spanish America where that word has acquired certain negative connotations. However, to indicate that a person is *a native of (born in)* a particular city or region, Spanish uses the expression **ser natural de** instead of **nativo,** which may be used for most other translations of *native.* Finally, inhabitants of the nation of India are not referred to as **indios** in Spanish, but as **hindúes.**

Los frailes enseñaron la religión católica a los **indígenas.**	*The priests taught the Catholic faith to the natives (Indians).*
Luisa es **natural** de la Florida.	*Luisa is a native of Florida.*
Creo que su marido es **hindú** y que nació en Calcuta.	*I believe her husband is Indian and that he was born in Calcutta.*

5

educar	to educate; to bring up, to rear
instruir	to educate, to instruct

In general, the meanings of **educar** coincide with those of its cognate *to educate.* Both words emphasize training for some specific purpose, often through formal instruction. Spanish **educar,** however, often is used to refer to a person's manners or standard of social behavior, separate from formal learning. Context alone indicates when **educar** is being used in this latter sense. **Instruir** is sometimes a synonym of **educar** in the narrow sense of acquiring or providing knowledge through formal education or self-education in some very specific area.

Miguel será **educado** en la fe de su padre.	*Miguel will be brought up (reared) in his father's faith.*
Su hijo menor no está muy bien **educado.**	*Their youngest child isn't very well-mannered.*
Compré el manual para **instruirme** en el manejo de la computadora.	*I bought the manual to teach (educate, instruct, train) myself how to use the computer.*

6

explotar	to exploit; to explode
la explotación	exploitation
la explosión	explosion

As seen in the text illustration, **explotar** (noun **explotación**) conveys the idea of *to develop* or *to exploit* natural resources such as mineral deposits, forests, land, etc. There is no good one-word English translation equivalent for **explotar** used in this context. **Explotar,** like its English cognate, also means *to take abusive advantage of other people's labor*. In addition, **explotar** (noun **explosión**), used intransitively means *to explode* or *to blow up*. It can also be used transitively, often in combination with **hacer,** in which case it means to deliberately blow something up with explosives.

La economía de Chile dependía de la **explotación** del cobre.	*The economy of Chile depended on the mining and processing of copper.*
La ley debe prohibir la **explotación** del hombre por el hombre.	*The law should prohibit man's exploitation of man.*
El buque **explotó** en el puerto.	*The ship exploded (blew up) in the harbor.*
Los guerrilleros hicieron **explotar** el puente.	*The guerrillas blew up the bridge.*

7

acudir   to go; to come

Acudir, a high-frequency verb in Spanish, has no single translation equivalent in English. Its basic meaning is *to go* or *to come*, usually with some sense of urgency, in response to a summons, need, opportunity, etc.

Llámame y **acudiré** en seguida.	*Call me and I'll come immediately.*
A la luz **acudían** maripositas, polillas y otros insectos.	*Butterflies, moths, and other insects were attracted by the light.*
Ellos **acudieron** al sitio atraídos por el ruido.	*They went (off) to that place, drawn (attracted) by the noise.*

8

la aportación	contribution
aportar	to contribute
el aporte	contribution
la contribución	contribution; tax
contribuir	to contribute

Perhaps in part because **contribución** also means *tax,* **aportación** is the more common noun for *contribution* in Spanish. To a lesser extent, the same is true for the verbs **aportar** and **contribuir.** There also exists in Spanish a slight preference for **aportación** and **aportar** when referring to intangible objects or ideas. Finally, in some Spanish-American countries the noun form **el aporte** is favored over **la aportación.**

Al jubilarse Aníbal, el gerente le agradeció sus muchas **aportaciones** a la compañía.	*When Aníbal retired, the manager thanked him for his many contributions to the company.*
La Revolución Americana **aportó** muchas ideas a la Revolución Francesa.	*The American Revolution contributed many ideas to the French Revolution.*
La humedad **ha contribuido** al crecimiento del musgo en el jardín.	*The humidity has contributed to the growth of the moss in the garden.*

9

ingresar	to enter, to join
entrar	to enter
el ingreso	entrance
la entrada	entrance

Ingresar and **entrar** are often used interchangeably with no appreciable difference in meaning. However, in careful usage, **ingresar** is preferred to **entrar** when the context is that of joining an organization or institution, especially one for which there is some entrance procedure or requirement.

El circo **entró** en el pueblo esa tarde.	*The circus entered the town that afternoon.*
Eva quiere **ingresar** en nuestro club.	*Eva wants to join our club.*
Él murió poco después de **ingresar (entrar)** en el hospital.	*He died shortly after entering the hospital.*
Él aprobó el examen de **ingreso.**	*He passed the entrance exam.*

10

la danza	dance
danzar	to dance
el baile	dance
bailar	to dance
el bailarín	dancer
la bailarina	dancer
el bailador	dancer
la bailadora	dancer

Baile is the standard word for *dance* and **bailar** for *to dance*. When synonyms are needed for these words, **danza** and **danzar** are often used, especially in written Spanish. In precise usage, however, they refer to a more formal or stylized activity than **baile (bailar).** Because **bailarín** and **bailarina** imply a certain higher level of skill, they are replaced, when appropriate to render English *dancer*, by some circumlocution such as **los que bailan.** The nouns **bailador, bailadora** are used only to refer to flamenco dancers.

En el teatro griego había **danzas** ceremoniales.	*In the Greek theater there were ceremonial dances.*
En Italia presenciamos una representación de la **danza** medieval de la muerte.	*In Italy we witnessed a performance of the medieval dance of death.*
El tango es un famoso **baile** argentino.	*The tango is a famous Argentine dance.*
Esos **bailarines** son muy buenos.	*Those dancers are very good.*
La **bailadora** tocaba las castañuelas.	*The flamenco dancer was playing the castanets.*

II

el lugar	place, spot, space
el sitio	place, spot, space
el paraje	place, spot, space
el local	place, premises

Lugar and **sitio** are close synonyms, with **sitio** sometimes being preferred for smaller and more specific places. **Paraje** is a synonym for **lugar** and **sitio,** but connotes an isolated or remote location. **Local** is *place* in the sense of a *closed and covered location* or *premises,* where commercial enterprise or some other activity regularly takes place.

Este lavaplatos no ocupa **lugar.**	*This dishwasher doesn't take up [much] space.*
Me iba a estacionar allí cuando alguien me quitó el **sitio.**	*I was going to park there when someone took my spot.*
Ellos lo dejaron abandonado en un **paraje** desierto.	*They abandoned him in a deserted place.*
Vamos a alquilar un pequeño **local** en la nueva galería.	*We are going to lease a small place (location) in the new shopping gallery.*

I2

injurioso	insulting, offensive
injuriar	to insult
la injuria	insult
insultante	insulting
insultar	to insult
el insulto	insult

Notice that **injurioso, injuriar,** and **injuria** are false cognates of English *injurious, to injure,* and *injury;* instead, they mean *insulting, to insult,* and *insult.* They are thus synonyms for the Spanish words **insultante, insultar, insulto,** but signify insults that are especially or abusively offensive.

Los políticos llegaron a **injuriarse** durante la campaña.	*The politicians got to the point of insulting each other [abusively] during the campaign.*
Insultarás a Enrique si lo llamas tonto.	*You will insult Enrique if you call him foolish.*

I3

romper	to break
quebrar	to break
quebrantar	to break
la rotura	break, breakage
la ruptura	break
la quebradura	break

Romper is the standard Spanish verb for *to break* in all physical or figurative meanings. However, **quebrar** often replaces **romper** to indicate the breaking of something hard, fragile, or brittle such as bone, glass, or pottery. **Quebrantar** may also replace **romper,** but only to indicate a deliberate, as opposed to an accidental, breaking of something hard with blows. **Quebrantar** often suggests breaking that does not result in the spatial separation of the broken pieces. Figuratively, **quebrantar** sometimes replaces **romper** to signify a type of moral or spiritual breaking of things such as promises, oaths, resistance, will power, health, etc. Two common nouns for *break,*

rotura and **ruptura,** both come from the same Latin word. **Rotura** is the more popular word and is used for all kinds of physical breaking. **Ruptura** normally indicates the breaking of things that are less material or tangible, such as relationships.

Él fue el primero en **romper** el silencio.	*He was the first to break the silence.*
La cuerda **se rompió** al no poder resistir el peso.	*The rope broke because it couldn't support the weight.*
Al caer, ella **se quebró (rompió)** el brazo izquierdo.	*When she fell, she broke her left arm.*
La pelota **quebró** el vidrio de la ventana.	*The ball broke (shattered) the windowpane.*
Tú me haces **quebrantar** mis más firmes propósitos.	*You make me break my firmest resolutions.*
Él tiene la salud completamente **quebrantada.**	*His health is completely broken (shattered).*
La **rotura** de la presa causó más de 200 muertes.	*The breaking of the dam caused more than 200 deaths.*
La **ruptura** de las relaciones diplomáticas nos ha sorprendido.	*The breaking of diplomatic relations surprised us.*

I4

aprovechar	to take advantage of, to make use of
aprovecharse de	to take advantage of

Aprovechar is *to take advantage of something* in a positive way, that is, *to make good use of something.* **Aprovecharse de,** however, is *to take advantage of something or someone* in an exploitative, selfish, or ruthless way. It is an expression with strongly negative connotations in Spanish.

Aproveche Ud. esta magnífica ocasión.	*Take advantage of this wonderful opportunity.*
¿Por qué no **aprovechas** mejor tu tiempo, María?	*Why don't you make better use of your time, María?*
Ese tipo **se aprovecha de** tu amistad.	*That guy is taking advantage of your friendship.*

Ejercicios

Comprensión de la lectura

De las cuatro respuestas que se indican para cada pregunta, seleccione Ud. la correcta, de acuerdo con el ensayo. También indique brevemente por qué las otras opciones son incorrectas.

1. La composición étnica de los Estados Unidos se caracteriza fundamentalmente por _____.
   a. lesionar la unidad nacional
   b. la total asimilación del inmigrante
   c. la fusión de distintas razas
   d. mantener la variedad cultural

2. La máxima influencia cultural negra en los Estados Unidos se manifiesta en _____.
   a. el jazz
   b. la danza
   c. las canciones llamadas *spirituals*
   d. las invenciones de George Washington Carver

3. Los irlandeses superaron al fin las condiciones producidas por la discriminación debido a su _____.
   a. religión católica
   b. espíritu indomable
   c. excelente trabajo manual
   d. apoyo a la policía local

4. La población asiática emigrada a los Estados Unidos fue en general más discriminada que la europea a causa de _____.
   a. las lenguas que hablaba
   b. el tipo de trabajo que hacía
   c. las leyes especiales de inmigración
   d. el contrabando humano organizado

La palabra adecuada

A. Para cada frase que sigue, elija Ud. la palabra o expresión que complete mejor el sentido.

1. Es un hombre grosero y vulgar y su _____ deja mucho que desear.
   a. lengua
   b. aportación
   c. lenguaje

2. El asunto de las bases militares en aquel país se va a discutir en el comité de relaciones _____ del senado.
   a. indígenas
   b. exteriores
   c. extranjeras

3. Ella ha estudiado en colegios privados excelentes, pero por su comportamiento social se ve que es una persona poco _____.
   a. instruida
   b. educada
   c. informada

4. El estudiante universitario tiene que _____ todas las oportunidades que la universidad ofrece.
   a. aportar
   b. explotar
   c. aprovechar

B. De acuerdo con las notas de **Expansión de vocabulario** utilice la palabra o expresión que complete mejor el sentido de cada frase. En algunos casos puede haber más de una palabra apropiada.

1. La prensa _____ la catástrofe para atacar al presidente.

2. El país es pobre y tendrá que _____ mejor sus minas y recursos forestales.

3. Gerardo habla mucho, pero _____ poco a la resolución de nuestros problemas.

4. El jugador de fútbol _____ la pierna durante el campeonato.

C. Complete las frases que siguen, escogiendo las palabras que mejor correspondan al sentido, modificándolas gramaticalmente siempre que sea necesario. No use ninguna palabra más de una vez.

paraje	injuriar	local	explotar
natural	lenguaje	sitio	extranjero
insulto	acudir	aportar	forastero
quebrar	aprovechar	lengua	danza

1. Los individuos _____ de esta región reconocen generalmente a los _____ por su manera de vestir.

2. El idioma árabe _____ un gran número de palabras a la _____ de los españoles.

3. Tu salud mejorará mucho si _____ la Facultad de Medicina y _____ los excelentes servicios médicos que hay allí.

4. Lo _____ tanto debido a su raza que fue a vivir a un remoto _____ del país.

Preguntas textuales

1. ¿En qué se diferencian los grupos inmigratorios nacionales de los grupos raciales?

2. ¿En qué trabajaron y cómo vivieron los primeros inmigrantes irlandeses?

3. ¿En qué aspectos se advierte más la presencia hispana en California y en otros estados?

Tareas complementarias

A. Cada estudiante deberá informar a la clase sobre la etnicidad y nacionalidad de sus más remotos antepasados y deberá considerar entre otras cosas las virtudes del grupo a que pertenece. Si sus antepasados eran extranjeros, al hacer la historia de su familia debe explicar las razones por las que vinieron a los Estados Unidos, los problemas que encontraron al establecerse y de qué modo superaron esos problemas.

B. Trabajo colectivo. Definir qué significa ser norteamericano o estadounidense. Los alumnos deberán tener en cuenta la diversidad racial y religiosa, la variedad de nacionalidades, culturas y lenguas. Deberán indicar qué valores o ideales expresan el espíritu de nuestras leyes y si contribuyen o no a unificar a los distintos grupos raciales, nacionales o religiosos.

C. Transformar la clase en una oficina de inmigración a la que se presenta un grupo de estudiantes de diversas categorías raciales, religiosas, sociales, económicas, etc. solicitando el ingreso legal a los Estados Unidos. Cada estudiante ha de elegir su identidad étnica de acuerdo con su historia personal o con sus preferencias y ha de defender su caso mencionando las virtudes de su raza o grupo étnico y sus aptitudes personales. Los alumnos que han de decidir su situación tendrán en cuenta las leyes inmigratorias, las necesidades económicas y técnicas del país, etc. y admitirán o rechazarán al candidato con razones sólidas.

D. Discutir desapasionada e inteligentemente la situación actual de los grupos étnicos minoritarios: americanos nativos, negros, chicanos, hispanos en general, asiáticos, árabes; grupos religiosos: cristianos, católicos, judíos, musulmanes, budistas, shintoístas; grupos discriminados por el sexo o la orientación sexual: mujeres, homosexuales, etc. y proponer los cambios legales, económicos y políticos que contribuirían a mejorar esa situación.

8 La presencia hispana en Estados Unidos

I. Prelectura

Ejercicios para despertar ideas en la clase anterior a la lectura.

Palabras útiles

analfabeto	illiterate
buscar	to look for
contribuir	to contribute to
desempleo	unemployment
detener	to arrest
explotar	to exploit
necesitar	to need
nivel mínimo de estudios	minimal (low) level of education
registrar	to search
servicios sociales	social services

Preguntas preliminares

1. En la ciudad o región donde Ud. vive, ¿en qué aspectos se percibe la influencia hispana? ¿Considera que esa influencia es más bien positiva o negativa? (**Sugerencias:** agricultura y trabajos en el campo, comercio en los barrios, trabajos y oficios de hispanos en las ciudades, comida típica, música, lengua o bilingüismo.)

2. ¿Piensa Ud. que debe limitarse la legalización de la inmigración hispana a quienes tengan por lo menos la equivalencia al
bachillerato de la escuela secundaria? ¿Por qué opina así?
(**Sugerencias:** eliminar la explotación de obreros, futuras necesidades del mercado de trabajo, asimilación social más rá-
pida, etc.)

II. Lectura

Desde el 12 de octubre de 1492, fecha en que Cristóbal Colón
arribó° a la isla San Salvador, hoy llamada Watling, en las Bahamas, *arrived*
el destino de las dos Américas, la anglosajona y la hispana, quedó
unido para siempre. Cuando en 1620, los peregrinos° ingleses llega- *Pilgrims*
ron a estas costas, ya un considerable número de exploradores y colonizadores españoles había recorrido las tierras del este y del centro, a
lo largo de° la **cuenca**[1] del Misisipí, y las del oeste hasta el norte de *along, through-*
California. No es extraño que muchos lugares geográficos y muchas *out*
plantas, animales y **pájaros**[2] se conozcan por el nombre que esos colonizadores les pusieron. Baste recordar la denominación de estados
como la Florida, Nevada, Montana (la **montaña**[3]), Colorado y términos como mesa, palma, rancho, palomino, roano, mustango y carde-
nal (el pájaro). Muchas palabras hispánicas quedaron desde entonces
incorporadas al inglés americano para indicar aspectos de la realidad
vinculados° con el trabajo de peones, marinos y domadores de caba- *linked to*
llos. California es hija de un sueño imaginativo° español; se le aplicó *imaginative*
el nombre de un personaje mítico en una novela de caballerías de la *dream*
España medieval.

Durante varios siglos se mantuvo el contacto de las regiones colo-
nizadas con la corona española. Como ocurrió en todo el resto de
América, España patrocinó° la creación de misiones religiosas con el *to sponsor*
propósito de catequizar° a los indígenas. Todavía se pueden ver en *to catechize*
California, a lo largo del Camino Real, como se llamó el recorrido hecho por el padre Junípero Serra y otros misioneros, las iglesias y los
conventos de esas misiones, edificados con ladrillos de adobe y artís-
ticamente adornados por manos indígenas. Por lo común°, la **leyen-** *commonly*
da negra extendida a los Estados Unidos destaca° la agresión *highlights,*
y violencia que las misiones imponían a los nativos; mucho de *emphasizes*
ello° es verdad, pero también es cierto que los misioneros educaron a *a great deal of*
los indígenas y les enseñaron la lengua española, la religión católica y *that*
varios oficios útiles.

Las regiones que son hoy California, Arizona, Texas y New México
se mantuvieron bajo el dominio de México hasta 1848. En esa fecha,
terminada la guerra entre México y los Estados Unidos, se firmó el
tratado° Guadalupe Hidalgo por el que Estados Unidos compró a Mé- *treatise*
xico por 15.000.000 dólares, un territorio cuya extensión excede a la

del México actual. A partir de ese momento se promulgaron° leyes *to put in effect*
que imponían limitaciones a la entrada de inmigrantes mexicanos;
quedaban exentos generalmente los braceros o trabajadores tempora-
rios que abandonaban voluntariamente su patria con la promesa de
una paga miserable. Cuando en 1910 se produjo la Revolución Mexicana, su impacto **sacudió**[4] a la sociedad norteamericana. Las personas más destacadas de las zonas limítrofes, sobre todo de California,
se organizaron para defender la entrada masiva de mexicanos que sa-
lían de su país para escapar de los **destrozos**[5], las depredaciones° y *depredation*
las matanzas.

Toda esa extensa zona limítrofe con México ha producido una cultura diferente de la anglosajona, caracterizada hoy como «cultura de
frontera»; en ella, los ingredientes hispánicos tienen **profunda**[6] influencia en el habla, en las costumbres, en la arquitectura, en el arte y
en la literatura. El grupo más considerable de hispanos en este país
es el que llamamos hoy «chicanos». En las universidades americanas
se estudia la cultura chicana desde las más diversas perspectivas; hay
pocos ejemplos tan vivos y tan ricos de integración social y cultural
de grupos humanos de tan diferente procedencia°. La literatura chi- *origin*
cana ha producido escritores de gran **talla**[7] que escriben en un inglés
salpicado de giros y palabras de procedencia hispana. Lo más distin-
tivo en ellos es quizá cierto sentido distinto del humor, cierta visión
tragi-cómica de la vida en los barrios.

En 1898, como consecuencia de la guerra con España, Estados
Unidos adquirió la colonia española de Puerto Rico, que es hoy un estado asociado. Los puertorriqueños, autodenominados boricuas o ri-
queños, se han extendido a lo largo de° la costa atlántica. Viven en *along*
barrios separados, y estár inmersos en su rica cultura. Hoy han producido, en la literatura y en la música popular sobre todo, figuras de
primera línea. No podemos dejar de° considerar por fin el caso espe- *to not fail to*
cial del exilio cubano moderno. En los cuatro últimos decenios°, un *decades*
numeroso contingente de familias cubanas, desplazadas de Cuba por
la revolución, se estableció especialmente en Miami pero también en
otros lugares como Los Ángeles, New Jersey y Oregón. Constituían un
grupo de personas de clase media, bien instruidas, y como muchos
hablaban bastante inglés se hicieron ciudadanos con facilidad y co-
menzaron a **actuar**[8] bien pronto en la vida política local y nacional.
Han transformado la realidad de esas ciudades, sobre todo de Miami
que es hoy un importante centro de difusión de la cultura hispánica
en el resto del país.

Esta es la población establecida y fija, pero entre los 30.000.000 de
habitantes hispanos, según un cálculo oficial, debe contarse también
el gran número de inmigrantes más recientes que provienen de México, el Salvador y de muchos otros países de América Central y de
América del Sur. Llegar al Norte, como se llama con deliberada im-

precisión la meta final de ese éxodo masivo, implica **salvar**[9] muchos
riesgos y dificultades. Cantidad de cubanos que se lanzaron al mar
para llegar a Estados Unidos, han corrido el peligro de **ahogarse**[10] o
de morir en las fauces° de los tiburones°; no ha sido menos heroico el   *jaws, sharks*
esfuerzo de muchos mexicanos y salvadoreños. En general, esos inmigrantes nuevos se caracterizan por su laboriosidad°, su cohesión fa-   *hard working*
miliar y su respeto a las leyes. Pero adaptarse a la forma de vida de
otros país, sobre todo cuando la lengua y la cultura de ese país son
tan diferentes, es un proceso difícil. Muchos hispanos entran sin conocer las leyes de inmigración y, engañados° por los «coyotes» o in-   *deceived*
termediarios, se establecen sin tener los papeles nacesarios, viven casi
ocultos[11] en cualquier barrio miserable de la ciudad, realizan tareas
temporarias y mal pagadas, y carecen de° protección sanitaria° y so-   *lack, medical*
cial. Aunque sólo algunos de los jóvenes hispanos integran bandas
delictivas°, todos los indocumentados padecen constantemente perse-   *criminal*
cuciones por parte de la justicia y viven bajo el temor permanente de
que las autoridades migratorias, conocidas por ellos como «la mi-
gra», los descubran. A partir de 1996, el Congreso de los Estados Unidos **tomó**[12] medidas extremas para solucionar el problema de los indocumentados. Las ley promulgada entonces, denominada *Reforma
de la Inmigración Ilegal* y *Acta de la Responsabilidad del Inmigrante*,
extendió la definición de «extranjeros indeseables» y autorizó el en-
carcelamiento de cualquier inmigrante sospechoso de haber cometi-
do uno de los múltiples delitos° allí definidos, entre ellos «crímenes   *crimes*
contra la moral», hasta que un juez decidiera su destino. Una perio-
dista de *Los Angeles Times*, Hilary E. MacGregor, nos informa en un
artículo publicado en ese periódico el 19 de octubre de 1999, que
14.500 inmigrantes, entre ellos mujeres y niños, estaban detenidos sin
juicio previo° y que de los 153.000 detenidos en 1998, sólo una terce-   *previous,*
ra parte mereció la deportación. La mayor parte de las personas en-   *preceding*
carceladas eran hispanos. Como afirma el profesor Roberto Suro, que
ha estudiado el impacto de la inmigración hispanoamericana en el
país, existe una profunda ambivalencia° en la política inmigratoria y   *ambivalence*
aun en el sentimiento popular cuando se trata de inmigrantes hispa-
nos, como se ha evidenciado en California en los últimos años.

   Los hispanos que son ciudadanos de los Estados Unidos tienen la
obligación y el derecho de **exigir**[13] el trato que corresponde a esa condición. Y los que se esfuerzan para serlo y acatan° las leyes, merecen   *to abide by*
que no se les quite la protección oficial, los seguros de salud y la posibilidad de educar mejor a sus hijos. Los rasgos del **rostro**[14] o el color
de la piel no pueden ser índices determinantes de una política inteli-
gente y justa con respecto a seres de condición pobre, pero de rica y
valiosa tradición cultural.

*E*xpansión de vocabulario

I

la cuenca	basin
el cuenco	bowl
la pesa	weight
el peso	weight
la charca	pool, pond, puddle
el charco	pool, puddle

As do many other semantically related pairs of words which differ only in the final **-a** and **-o**, **cuenca** and **cuenco** have different meanings. **Cuenca** is *a river basin (valley)* or *watershed,* and **cuenco,** *a small bowl.* Often, but not always, the word ending in **-a** signifies the larger of two related entities, or the more abstract item of the pair.

Ha llovido en toda la **cuenca** del Duero.	*It has rained in the entire Duero River basin.*
El pastor nos ofreció un **cuenco** de leche.	*The shepherd offered us a bowl of milk.*
Él levanta **pesas** para desarrollar los músculos.	*He lifts weights to develop his muscles.*
El **peso** del paquete es de tres kilos.	*The weight of the package is three kilograms.*
Los niños se mojaron jugando en una **charca** de agua.	*The children got wet playing in a puddle.*
Ellos lo encontraron en un **charco** de sangre.	*They found him in a pool of blood.*

2

el pájaro	bird
el ave (*fem.*)	bird, fowl

Ave is the generic term that refers to the class of all feathered bipeds; its meaning is broader than that of **pájaro.** More specifically, **pájaro** refers to smaller birds (such as songbirds), whereas **ave** is used for larger birds, such as most birds of prey, game birds, or fowl. Domestic fowl or poultry are often referred to as **aves de corral** in Spanish.

La golondrina es un **pájaro** hermoso.	*The swallow is a beautiful bird.*
Esos **pájaros** son perjudiciales porque se comen las fresas.	*Those birds are harmful because they eat the strawberries.*
Él metió las **aves de corral** en el gallinero.	*He put the poultry in the chicken coop.*
Ellos han ido al lago a cazar patos y otras **aves** silvestres.	*They have gone to the lake to hunt ducks and other game birds.*
El cóndor es el **ave** simbólica de los Andes.	*The condor is the symbolic bird of the Andes.*

3

la montaña	mountain
el monte	mountain; backwoods, brushland
la sierra	mountain range, sierra

Both **montaña** and **monte** mean *mountain.* Specific mountain ranges are rendered with either **montañas** or **montes,** understood but occasionally expressed. A single mountain standing out for its elevation or shape is normally translated as **monte. Monte** is also used to indicate terrain that may be but isn't necessarily elevated, and which constitutes a rather wild area partially covered by underbrush, some trees, or both. Finally, certain mountain ranges have acquired the designation **sierra,** *saw,* with or without further geographic specification, because of the similarity between the mountain tops and the teeth of a saw.

Las (montañas) Rocosas se extienden desde Nuevo México hasta Alaska.	*The Rockies (Rocky Mountains) stretch (run) from New Mexico to Alaska.*
Nosotros vamos a **los Alpes** a esquiar.	*We are going to the Alps to ski.*
El monte Everest es el más alto del mundo.	*Mount Everest is the highest [mountain] in the world.*
Casi mil hectáreas de bosque y **monte** bajo fueron destruidos por el incendio forestal.	*Almost one thousand hectares of forest and low brushland were destroyed in the forest fire.*
La revolución cubana empezó en la **Sierra** Maestra.	*The Cuban Revolution began in the Sierra Maestra.*

4

sacudir	to shake
temblar	to shake, to tremble
agitar	to agitate; to shake, to wave

In the sense of moving something to and fro quickly, even violently, to *shake* is **sacudir.** In the sense of causing a person or thing to tremble or quake, *to shake* is **hacer temblar.** Intransitively, **temblar** indicates *to shake* or *to tremble*. **Agitar** can sometimes also replace **sacudir.**

El temblor **sacudió** las ciudades cercanas a Tokio.	*The earthquake shook the cities near Tokyo.*
La catástrofe **sacudió** la conciencia nacional.	*The catastrophe shook the national conscience.*
El bombardeo **hizo temblar** (**sacudió**) la casa.	*The bombing shook the house.*
El pobre **temblaba** de frío.	*The poor man was shaking from the cold.*
Los manifestantes **agitaban** los brazos con entusiasmo.	*The protestors were shaking (waving) their arms enthusiastically.*

5

el destrozo	destruction
la destrucción	destruction
destrozar	to destroy
destruir	to destroy

In Spanish, two verbs may render English *to destroy*. **Destruir** is the more common verb and can be used in any context. However, if the idea of *to destroy* is accompanied by the idea of something's being broken up or smashed into many pieces, then **destrozar** replaces **destruir.** This same distinction holds for the nouns **la destrucción** and **el destrozo.**

Puso en marcha el motor y la explosión de la bomba **destrozó** el automóvil.	*He started the engine and the explosion of the bomb destroyed the car.*
Los caminos mal empedrados **destrozaron** sus sandalias.	*The badly paved roads destroyed (tore up) his (her) sandals.*
La riada **destruyó** el puente.	*The flood destroyed the bridge.*
En la guerra, fue **destruido** el centro de la ciudad.	*In the war, the center of the city was destroyed.*

6

profundo	profound, deep
hondo	deep
poco profundo (hondo)	shallow; superficial

Profundo and **hondo** derive from the same Latin root, but in Spanish **profundo** is the word more widely used by educated persons to indicate *profound* or *deep* in both physical and nonmaterial contexts. **Hondo** may replace **profundo** in material contexts only.

¿Cuál es la parte más **profunda (honda)** del Océano Pacífico?	*What is the deepest part of the Pacific Ocean?*
El naranjo es un árbol cuyas raíces no son muy **profundas (hondas).**	*The orange tree is a tree whose roots aren't very deep.*
Mi colega tiene **profundos** conocimientos del asunto.	*My colleague has profound (deep) knowledge of (about) the matter.*
En este lado de la piscina el agua es **poco profunda.**	*On this side of the swimming pool the water is shallow.*

7

la talla	size, height, stature
el tamaño	size
la dimensión	size, dimension
el número	size

Spanish **talla** refers to a person's height or size. In the text example, its meaning is *stature*. **Talla** also indicates *size* when referring to certain articles of clothing that approximate body size, such as suits, dresses, shirts, and trousers. The English word *size,* indicating the magnitude or extent of something, is most often **tamaño** in Spanish. However, **dimensión(ones)** is also used in situations where *dimension(s)* would also be appropriate for *size* in English. Likewise, when *size* refers to the standard measurement in which shoes, hats, or gloves are sold, **número** is often preferred to **talla.** It should be pointed out, however, that usage of the words for English *size* does vary regionally in the Spanish-speaking world.

La joven puede usar la blusa porque tiene la misma **talla** que su madre.	*The young woman can wear the blouse because she is the same size as her mother.*
Las estatuas del parque son de **tamaño** natural.	*The statues in the park are life-size (of natural size).*
Ellos tenían una cama de gran **tamaño** en un cuarto de poca **dimensión.**	*They had a large-sized bed in a small-sized room.*
El crucero estaba al lado de otro buque de parecidas **dimensiones.**	*The cruiser was next to another ship of similar size (dimensions).*
Ese **número** de calzado lo hallará Ud. en la sección de niños.	*You'll find that size shoe in the children's department.*

actuar	to act, to function, to participate
obrar	to act
portarse	to act, to behave

The English verb *to act* has several different meanings, which are often rendered with different verbs in Spanish. Three common equivalents of *to act* indicated above overlap in certain of these meanings. For instance, **actuar, obrar,** and **portarse,** can all mean *to behave* or *to comport oneself* in a particular way. More specifically, however, **actuar** is *to carry out a function that is a person's or an object's normal one.* **Obrar** is *to act* in the sense of doing something, or carrying out an action or actions, especially when there is an implication of doing something that is morally good or bad. **Portarse** (which has almost totally replaced its synonym **comportarse**) refers to human behavior, especially in its external manifestations. **Portarse** is used most to refer to the behavior of children and young people.

El famoso abogado **actuó** como defensor en el juicio.	*The famous lawyer acted as the defense lawyer at the trial.*
En una tormenta eléctrica, cualquier objeto de metal puede **actuar** como pararrayos.	*In an electrical storm, any metal object can act as a lightning rod.*
Has actuado (obrado) de un modo muy inteligente.	*You have acted in a very intelligent way.*
«Nosotros debemos **obrar** en beneficio de los demás», dijo el cura.	*"We should act to benefit other people," said the priest.*
Alicia siempre **obra** con mucha prudencia y corrección.	*Alicia always acts very prudently and correctly.*
Tus niños **se han portado** muy bien esta tarde.	*Your children have acted (behaved) very well this afternoon.*

9

salvar	to save; to overcome
ahorrar	to save; to avoid
guardar	to save, to keep

Salvar is *to free* or *to rescue someone* or *something from danger,* or *to prevent the loss of something.* **Salvar,** as in the text example, is also commonly used with the meaning of *to overcome* an obstacle or difficulty. **Ahorrar** is *to put away money for future use.* It also *means to save* in the sense of *to avoid doing something in an inefficient way.* **Guardar,** which means *to keep,* also means *to save* in the sense of storing or putting something away.

Sus conocimientos médicos le ayudaron a **salvar** a la víctima.	*Her medical knowledge helped her to save the victim.*
Los bomberos lograron **salvar** la casa.	*The firefighters managed to save the house.*
La pobre vida de Marcos se reduce a ganar dinero y **ahorrarlo.**	*Marcos' poor life is reduced to earning money and saving it.*
De ese modo te **ahorrarás** muchas molestias.	*In that way you will save yourself a lot of bother.*
Vamos a **guardar** esta lata de pintura que sobra.	*Let's save (keep) this can of paint that is left over.*

I O

ahogar	to drown; to suffocate, to choke
sofocar	to lose one's breath, to suffocate
estrangular	to choke, to strangle
atragantarse	to choke, to get something caught in one's throat

   Ahogar is *to choke* or *to kill a living being by stopping its breathing* in any way whatsoever. The reflexive form indicates *to choke* or *to die* because one's breathing has stopped. When this is water related, **ahogarse** translates English *to drown*. Like **ahogar, sofocar** also refers to the process of breathing, but indicates only a temporary, partial, and non-life threatening restriction of normal breathing, most often because of excessive heat and physical exertion. **Estrangular** is *to strangle* or *to choke* in the specific context of squeezing the throat or windpipe in an attempt to kill someone. **Atragantarse** also renders English *to choke,* but points to the physical obstacle that is caught in one's throat or is obstructing it, and not to the restriction of normal breathing.

El niño era tan cruel que **ahogó** al gato.	*The child was so cruel that he drowned the cat.*
En la inundación de Mozambique, **se ahogaron** miles de personas.	*Thousands of persons drowned in the Mozambique flood.*
Cuando corro mucho, **me sofoco.**	*When I run a lot, I get out of (lose my) breath.*
María Luz viene **sofocada** por haber subido la cuesta a pie.	*María Luz is out of breath from having come up the hill on foot.*
Él estrangulaba a sus víctimas con un trozo de soga.	*He strangled (choked) his victims with a piece of rope.*
José Miguel se **atragantó** con una espina de pescado.	*José Miguel choked on a fish bone.*

II

oculto	hidden, concealed
ocultar	to hide, to conceal
esconder	to hide
encubrir	to hide, to conceal

Ocultar has the broadest meaning of the verbs above, for it is applicable to that which is both tangible and intangible. Its meaning thus includes those of both **esconder** and **encubrir.** While **ocultar** is more common in written Spanish, **esconder** is especially common in spoken Spanish and implies the hiding or keeping from view of physical objects or persons. **Encubrir** indicates a more passive type of action. As its root *to cover* suggests, it most often implies preventing something from becoming known (such as a name, the truth, a crime). Note, too, that the adjective corresponding to **ocultar** is **oculto,** rather than **ocultado.**

Lo importante es el mensaje **oculto** en su poema.	*The important thing is the hidden message in his poem.*
María Elena no pudo **ocultar** su asombro.	*María Elena couldn't hide (conceal) her astonishment.*
Los guerrilleros **se ocultaron (escondieron)** para que los soldados no los vieran.	*The guerrillas hid (concealed themselves) so that the soldiers wouldn't see them.*
Leonora **ha escondido** la pelota y nadie la puede encontrar.	*Leonora has hidden the ball and no one can find it.*
En nuestra sociedad, se suele **encubrir** toda referencia a la muerte.	*In our society we usually hide (conceal) all reference to death.*
Supongo que Pedro mentía; que trataba de **encubrir** algo.	*I suppose that Pedro was lying; that he was trying to hide something.*

12

tomar	to take; to seize; to catch
coger	to take, to seize; to pick; to catch
recoger	to gather (up), to pick up, to collect
pillar	to catch
agarrar	to grasp, to grab, to take

Although **coger** is the standard word for *to take, to seize, or to take hold of* in Spain and in several Spanish-American countries, it is avoided in others. In areas such as Mexico and the River Plate region, for example, **coger** has acquired sexual connotations that cause it to be avoided in normal conversation. It is often replaced by **tomar** or even by **agarrar,** the primary meaning of which is *to grasp* [as with *the claws,* **garras,** of an animal or bird]. The meanings of **coger,** where it is used, include those of *to take* public transportation or *to catch* something that is thrown or kicked. **Coger** should not be confused with **recoger,** which implies, among other things, a gentler type of *gathering* or *picking up* something that has fallen or is lying about. Notice too that the broader range of meanings of **coger** includes those of **tomar,** which in the first instance means to take something in one's hands or arms. Finally, **pillar** is a common replacement for **tomar** and **coger** when the meaning is *to catch by surprise,* such as someone doing what he or she shouldn't be doing.

Tome (agarre, coja) los tomates cuando estén maduros.	*Pick the tomatoes when they are ripe.*
El portero **tomó (cogió)** la pelota en el aire.	*The goalie caught the ball in the air.*
Él **recogió** las manzanas que estaban en el suelo.	*He picked up the apples that were on the ground.*
Ella **agarró (tomó, cogió)** el micrófono para anunciar que habíamos ganado.	*She seized (took) the microphone to announce that we had won.*
Pillaron al ladrón robando la tienda.	*They caught the thief robbing the store.*
Esta tarde nos **pilló (cogió)** un aguacero en el parque.	*This afternoon we were caught in the park during a heavy shower (downpour).*

13

exigir	to demand
reclamar	to demand, to call (ask) for
requerir	to demand, to require
demandar	to file suit against

The English verb *to demand* may indicate to ask for something (1) in an imperious way, or (2) because it's one's right or is just. The first English meaning is most often rendered in Spanish by **exigir** and the second by **reclamar. Exigir** is thus used when one tries to order or obligate someone to do something; it may be followed by a verb or a noun. **Reclamar,** however, is always followed by a noun, which is the object of what one is demanding or asking for. **Requerir** means *to demand* in the sense of *to require* or *to need.* Notice that **demandar** is a false cognate of English *demand,* for it means *to sue.*

La profesora **exige** que leamos una novela por semana.	*The professor demands that we read a novel a week.*
Para trabajar en el laboratorio nuclear, **se exige** el título de doctor en física.	*To work in a nuclear laboratory, a Ph.D. in physics is required.*
Los profesores y estudiantes **reclaman** la dimisión del rector de la universidad.	*The professors and students are demanding (calling for) the resignation of the president of the university.*
España **reclamaba** ante las Naciones Unidas la devolución de Gibraltar.	*At the United Nations, Spain was demanding the return of Gibraltar.*
Esta maniobra **requiere (exige)** mucho tacto.	*This maneuver demands (requires) great tact.*
El dueño de la casa **demandó** a los inquilinos por falta de pago.	*The owner of the house sued the tenants for not paying [the rent].*

14

el rostro	face
la faz	face
la cara	face

El rostro is a common synonym for **cara** in written Spanish, and is especially common to indicate a *face* expressing some emotion or feeling. **La faz** translates into *face* in expressions like *face of the earth*. It is also used as a literary synonym for **cara,** the standard word for *face* in Spanish.

El **rostro** de ella se puso serio cuando le anunciamos la decisión.	*Her face became serious when we announced the decision to her.*
Se cortó la **cara** al afeitarse.	*He cut his face while shaving.*
El explorador desapareció de la **faz** de la tierra.	*The explorer disappeared from the face of the earth.*

Ejercicios

Comprensión de la lectura

De las cuatro respuestas que se indican para cada pregunta, seleccione Ud. la correcta, de acuerdo con el ensayo. También indique brevemente por qué las otras opciones son incorrectas.

1. La contribución más importante de la colonización española en California y el suroeste de los Estados Unidos _____.
   a. son los nombres de muchos lugares geográficos
   b. son las misiones del Camino Real
   c. es la conversión de los indios al catolicismo
   d. es la cultura que se implantó en la región

2. Se puede afirmar de los chicanos que _____.
   a. viven a lo largo de la frontera
   b. entraron el los Estados Unidos con la Revolución Mexicana
   c. superan en número a otros grupos de procedencia hispana
   d. producen literatura exclusivamente en español

3. De la población hispana de origen caribeño se puede decir que _____.
   a. la mayoría de los cubanos vinieron en 1898
   b. grandes cantidades de cubanos y puertorriqueños vinieron para las mismas fechas
   c. los cubanos están bien distribuidos por todo el país
   d. los puertorriqueños se establecieron más en el suroeste de los Estados Unidos

La palabra adecuada

A. Para cada frase que sigue, elija Ud. la palabra o expresión que complete mejor el sentido.

1. El anciano se _____ con un trozo de pan seco.
   a. sofocó
   b. estranguló
   c. atragantó

2. Para este gran salón, necesitan ustedes un sillón de _____ más grande.
   a. talla
   b. número
   c. tamaño

3. Nicolás ni se lavó _____ antes ir a desayunar.
   a. el rostro
   b. la cara
   c. la faz

4. El niño intentaba _____ un dólar cada semana para comprar una bicicleta.
   a. salvar
   b. guardar
   c. ahorrar

B. De acuerdo con las notas de **Expansión de vocabulario,** utilice la palabra o expresión que complete mejor el sentido de cada frase. En algunos casos puede haber más de una palabra apropiada.

1. El águila marina es un _____ que se alimenta de peces y de pequeños animales.

2. Construyeron el mercado en el mismo lugar donde fue _____ (use participio) el hotel durante el terremoto de enero.

3. Muchos cerdos se _____ en las terribles inundaciones de North Carolina.

4. Las raíces culturales hispanas son muy _____ en el estado de Nuevo México.

C. Complete las frases que siguen, escogiendo las palabras que mejor correspondan al sentido, modificándolas gramaticalmente siempre que sea necesario. No use ninguna palabra más de una vez.

demandar	agitar	estrangular	pillar
exigir	destrucción	portarse	sacudir
tomar	destrozos	temblar	actuar
salvar	cuencos	rostro	

1. La policía _____ al criminal cuando intentaba _____, al dueño de la joyería con una soga.

2. El manifestante _____ la pancarta (o cartel), y _____ en voz alta la libertad de los presos políticos.

3. Si tú _____ con más rapidez puedes _____ a tu amigo del peligro.

4. La bombas hicieron _____ la ciudad y causaron _____ por todas partes.

Preguntas textuales

1. ¿Qué se estableció en el tratado Guadalupe Hidalgo y qué consecuencias tuvo para los países que lo firmaron?

2. ¿En qué se diferencia la inmigración cubana de otras inmigraciones hispanas en los Estados Unidos?

3. ¿Por qué existe una ambivalencia en la política inmigratoria de los Estados Unidos con respecto a los hispanos, y cuáles son algunas de sus manifestaciones?

Tareas complementarias

A. La colonización española de Hispanoamérica ha producido durante siglos una crítica negativa que llamamos **leyenda negra,** originada por un misionero español, Bartolomé de las Casas. La clase debe discutir la colonización, dando argumentos en favor o en contra de sus acciones y debe fundamentalmente considerar el papel de la religión en ese proceso. En forma más particular, debe referirse a la colonización de las regiones hoy pertenecientes a los Estados Unidos que se mencionan en el texto de lectura. Para discutir estos aspectos, la clase puede dividirse en tres grupos: a) los que toman el punto de vista de los nativos y consideran la colonización como un acto agresivo contra la vida y las culturas indígenas; b) los que defienden la colonización por haber traído la civilización a tierras tan apartadas; c) los que aceptan la catequización de los indígenas aun cuando deploran los excesos cometidos por militares y curas.

B. Un grupo de hombres de negocios, representados en la clase, proponen la eliminación de un barrio hispano pobre, hoy enclavado en el centro de cualquier ciudad moderna. Además de destacar las exigencias inevitables del progreso, argumentan en favor del proyecto sosteniendo que se aumentará el valor de las tierras de ese lugar, que se eliminarán los *slums,* la miseria en las calles y las casas de inquilinato, que se crearán centros comerciales y clínicas médicas, que se resolverán los problemas del tránsito y del aparcamiento. Además, se acelerará de ese modo el proceso de integración cultural de la población hispana. Otros estudiantes se opondrán al proyecto argumentando sobre la necesidad de mantener las tradiciones, el pintoresquismo del barrio, su colorido, sus trajes, sus comidas y sus diversiones. Destacarán que es más importante mantener la identidad hispana y la lengua nativa que asimilarse a la cultura anglosajona. Al hacerlo, irán describiendo un típico barrio hispano en los Estados Unidos.

C. Equipos de tres o cuatro estudiantes prepararán en cualquier biblioteca la biografía de un hispano o hispana ilustre que se haya destacado en los Estados Unidos en literatura, ciencias, arte, cine, política, etc. (por ejemplo, César Chávez, Ramón Novarro, Desi Arnaz, César Romero, Raúl Juliá, Rita Moreno, Ricardo Montalbán, Jaime Luis Olmos, Carlos Rivera, Rolando Hinojosa Smith, Ricky Martin, etc.) Informarán a la clase sobre esa persona enfatizando sus valores más positivos y señalando las dificultades que debió superar para obtener su éxito.

D. La opinión general sobre los hispanos tiende a crear un estereotipo según el cual todos tienen las mismas características raciales, los mismos rasgos físicos, la misma cultura y la misma lengua. Un grupo de estudiantes describirá ese prototipo y otros grupos discutirán esa generalización dando argumentos sobre la disparidad de razas, de culturas y de formas dialectales que caracterizan a los distintos grupos hispanos.

9 La revolución tecnológica

I. Prelectura

Ejercicios para despertar ideas en la clase anterior a la lectura.

Palabras útiles

cable	cable TV
cajero automático	automatic teller machine
comunicarse con	to communicate with
correo electrónico	E-mail
cuenta	account
enviar, mandar	to send
hablar por teléfono	to speak on the phone
pagar	to pay (for)
pedir	to order (a purchase, a meal, etc.)
tarjeta de crédito	credit card
teléfono celular (móvil)	cellular (mobile) phone

Preguntas preliminares

1. En la vida de los estudiantes, ¿qué aparatos electrónicos o sistemas tecnológicos son los más útiles? (**Sugerencias:** la computadora, la fotocopiadora, el teléfono móvil, etc.)

2. Indique qué sistema tiene más ventajas o desventajas: comprar la ropa por *internet* o en una tienda. (**Sugerencias:** costo, comodidad, variedad de selección, tiempo ahorrado, oportunidad de probarse la ropa, contacto humano, etc.)

II. Lectura

La revista *Newsweek* del 20 de septiembre de 1999 publica varios artículos sobre el modo en que la tecnología, especialmente la cibernética°, está modificando la vida americana. Uno de esos artículos aparece ilustrado con el dibujo de una ciudad futura, muy cercana en el tiempo, que se llama Wiredville y está situada en los Estados Unidos. En esa ciberciudad, como se la llama, las casas están conectadas con un cable coaxial que lleva a cada vivienda cables digitales destinados a la televisión y a las **computadoras personales**[1].   *cybernetics*

La computadoras, que ya han remplazado en casi todos los **rincones**[2] del mundo los servicios telefónicos de larga distancia, sirven a las familias de esa ciudad como teléfono, micrófono, cine y correo. Les permiten además controlar el suministro° de electricidad y de gas, el aire acondicionado, los utensilios y los electrodomésticos°, las alarmas y otros mecanismos similares. Los vecinos se comunican entre sí por medio de una *intranet* o red° pequeña de comunicación, sirviéndose de un sistema de correo electrónico o *email*. Mediante la red grande de *internet*, hacen sus compras, pagan sus cuentas, educan a los hijos, **juegan**[3] a las cartas, ven **deportes**[4], cuidan de° su salud y hasta establecen relaciones amorosas. Todo ello sin **moverse**[5] de la sala, sin salir del abrigado° aislamiento creado por la tecnología. Como dice Julio Orione, director del suplemento *Informática* del diario *Clarín* de Buenos Aires, en el artículo «El mundo de la *World Wide Web*» aparecido el 15 de septiembre de 1999, ya «hoy en la *Web* se comercia, se juega a la bolsa, se compra, se vende en remates° *online*.»   *supply household appliances net / to take care of / cozy, warm / auctions*

La ciencia de la comunicación nos ha incomunicado. Es **corriente**[6] que ese tipo de aislamiento produzca esos falsos héroes de los juegos electrónicos que **se destacan**[7] como seres antisociales, propensos° a la violencia y al crimen.   *prone*

Pero en esa certera° utopía hay cierta exageración. Lo que necesariamente ha de ocurrir es que poco a poco nos adaptaremos a la nueva situación. Por un lado, debemos **adiestrarnos**[8] en las nuevas técnicas para poder sobrevivir en la sociedad cibernética, adquiriendo la **pericia**[9] necesaria para servirnos de° la tecnología sin dejarnos° esclavizar por ella. Ese adiestramiento supone° conocer también el lenguaje de la computación que, como es fácil observar, es una gran fuente de anglicismos° en el mundo hispano. Es curioso imaginar que los mismos esfuerzos empleados por la ciencia en los últimos **decenios**[10] del milenio para desarrollar la revolución técnica deban emplearse en los primeros del nuevo milenio para evitar las terribles consecuencias de la excesiva mecanización. Parece ésta una página de novela científica, de las denominadas de ciencia-ficción, con ciertos tintes° de drama terrorífico. Pero como ocurre siempre en ese tipo de novelas, la imaginación científica llevada a sus extremos encubre°   *accurate / to make use of, without allowing ourselves to be enslaved / implies / words of English origin / shades / hides* un desesperado° grito en defensa del humanismo.   *hopeless*

Esas críticas y temores no invalidan la sensación de maravilla que la revolución tecnológica despierta. Parece haberse cumplido el sueño de los antiguos filósofos que buscaban un elemento simple para explicar desde él la complejidad del universo. Ese elemento simple es el invento japonés llamado hoy *chip*, abreviatura de *microchip*, a veces traducido como *pastilla*. Básicamente se trata de una oblea° de silicio, es decir, de un metaloide o compuesto° químico parecido al metal, de color amarillento, sólido y difícil de fundir°, casi indestructible, sobre el que se imprimen millares y millares de circuitos eléctricos comprimidos° en un pequeño espacio. Esas pastillas constituyen el elemento fundamental de la arquitectura de nuestras computadoras y forman parte, tanto de la placa madre como de las placas accesorias que integran la memoria. En ellas se registra toda la información, se organizan los paquetes° de **datos**[11], se copian los programas del *software* y las aplicaciones, se da forma a los documentos que se archivan° luego en la memoria. Son también parte de los llamados dispositivos° periféricos como el módem que agregados a las computadoras permiten el acceso **libre**[12] a las bases de datos o fuentes informativas exteriores. Para ello basta con manejar el teclado°, saber utilizar las herramientas disponibles en la barra de herramientas y con ellas navegar por los sistemas, recogiendo la información necesaria, ya en el disco rígido, ya en los discos flexibles y, si es necesario, imprimir° esa información con una impresora láser.

wafer
compound
to melt

compressed

packages

are stored
devices

keyboard

to print

Nos hemos referido solamente a la computación. Pero la tecnología ha extendido los horizontes en muchos otros aspectos de nuestra vida. Hablamos por teléfonos celulares; vemos por televisión programas de cualquier país del mundo; los médicos penetran con suma° facilidad el interior de nuestro organismo, detectan con *scanners* las irregularidades de sus funciones y nos operan con láseres; los científicos exploran con radares las profundidades suboceánicas; observan con modernos telescopios el nacimiento o la muerte de una estrella ocurridos hace millares° de años; crean vida en las probetas° de sus laboratorios, fabricando clones de seres vivientes; o reproducen artificialmente la explosión de los átomos y la constitución de nuevas materias. Todos esos logros°, con ser tantos y tan importantes, constituyen sin embargo una pequeña fracción de la inmensa tarea que nos queda por hacer. En el proyecto del futuro, más vasto y más valioso que el del pasado, debemos incluir propósitos más altos: **mejorar**[13] la vida humana, eliminar las desigualdades sociales, terminar con el hambre, **ganar**[14] la lucha contra la miseria, las enfermedades, el crimen, sirviéndonos para ello de toda la tecnología moderna. Si el progreso no beneficia a toda la humanidad en todos los sentidos, de nada vale crear objetos y mecanismos que mal utilizados, o utilizados fuera del contexto necesario, pueden contribuir, sin que nos lo propongamos, a la construcción de una sociedad aún más injusta y a la destrucción final de todos los valores humanos.

extreme

thousands,
test tubes

achievements

Expansión de vocabulario

1

la computadora personal	personal computer, PC
la impresora	printer
la informática	computer science

In general, except for certain basic terms, Spanish uses many Anglicisms (words borrowed from English) in its vocabulary for terms dealing with computers. Even such words as **ordenador** (Spain) and **el procesador de palabras** (parts of Spanish America), formerly well-established synonyms for *computer* or *word processor* have given way to **computadora.** The term **el correo electrónico,** for example, is now less used than **el email** (*e-mail*), and for *microchip* the term **el chip** has almost replaced **la pastilla.** Naturally, the greater or lesser degree of English spoken in different Spanish-speaking countries facilitates or retards the assimilation of English computer terminology into the Spanish lexicon.

2

el rincón	corner; bit (small piece) of land
la esquina	corner
el ángulo	angle, corner
la comisura	corner

The English noun *corner* may refer to an inner or exterior space around two lines that meet. When it is interior, such as inside a building, **rincón** is used. **Ángulo** is sometimes used as a synonym for **rincón** in this sense. Just as English *corner* may be used to indicate a small piece of land, or some hidden or remote spot away from the center of things (as in *the four corners of the earth*), so too can Spanish **rincón** be used, as illustrated by the essay example. When the exterior or outer corner of something is referred to, **esquina** is the appropriate word. Finally, in anatomical language, to refer to the *corner* of the mouth, eyes, etc., Spanish uses **comisura.**

David pasa la aspiradora por los cuatro **rincones** de la sala.	*David vacuums every corner of the living room.*
Hemos encontrado un tranquilo **rincón** de Nueva Inglaterra donde pensamos pasar el verano.	*We have found a peaceful spot in (corner of) New England where we intend to spend the summer.*
Él vio a Teresa al volver la **esquina** de la calle.	*He saw Teresa as he was turning the street corner.*
Ella colocó la taza en la **esquina** de la mesa.	*She placed the cup at the corner of the table.*
Los bigotes ocultan las **comisuras** de sus labios.	*The mustache hides the corners of his lips.*

3

jugar	to play; to gamble
el juego	play, playing; game; gambling
el juego de azar	game of chance
la jugada	play
el jugador	player
tocar	play (a musical instrument)
el partido	game, match
la partida	game, match

El juego, English *play(ing),* may indicate any kind of recreational activity. It also normally renders English *game* in the more abstract sense of an activity governed by rules. When indicating a specific instance of an athletic contest or match, **partido** is more commonly used for *game.* However, the feminine form, **partida,** is used for table games. Note, too, that **juego** and **jugar** also translate English *gambling,* and to *gamble.* Finally, **jugada** may indicate *a play* or *move* in an athletic or non-athletic game.

Víctor **juega** al ajedrez en la computadora.	*Victor plays chess on the computer.*
Este **juego** electrónico no tiene muchas reglas.	*This electronic game hasn't many rules.*
Nosotros hemos visto un **partido** emocionante entre los Esquivadores y los Cachorros.	*We saw an exciting game between the Dodgers and the Cubs.*
Juan perdió todo su dinero en el **juego (jugando).**	*Juan lost all his money gambling (by gambling).*
Osvaldo **juega** al fútbol, al tenis y también levanta pesas.	*Osvaldo plays football and tennis, and also lifts weights.*
Ellos ya **han jugado** tres **partidas** de cartas (ajedrez).	*They have already played three games of cards (chess).*
La magnífica **jugada** del centro delantero dio la victoria al Real Madrid.	*The magnificent play by the forward won the game for Real Madrid.*

4

el deporte	sport
practicar un deporte	to play a sport
hacer un deporte	to play a sport
el (la) deportista	sportsman, sportswoman
deportivo	sporting, sports (adj.)
el aficionado	fan, sports enthusiast
fanático	fan

Spanish usually renders English *to play a sport* with the verb **practicar** or **hacer.** Note that **deportista** indicates someone who actually plays sports, whether amateur or professional. An **aficionado(a),** an enthusiast, renders English *fan* when used in a sports context. The word **fanático** is also used, but often suggests not just a *fan* but a person of excessive zeal.

Siempre me ha gustado **practicar deportes.**	*I have always liked to play sports.*
¿Qué **deporte practicas (haces)** tú, María?	*What sport do you play (practice), María?*
Mis hijas son muy **deportistas.**	*My daughters are very active in sports.*
Michael Jordan era un **deportista** famoso.	*Michael Jordan was a famous sports figure.*
Marca es un periódico **deportivo** muy conocido en España.	*Marca is a well-known sports newspaper in Spain.*
Mi hermano es un **aficionado** de los Medias Blancas de Chicago.	*My brother is a fan of the Chicago White Sox.*

5

moverse	to move
mudarse	to move
desplazarse	to move, to shift

To move, meaning *to change the position of something or someone from one place to another,* is normally **mover(se).** But when the meaning of *to move* is *to relocate from one residence to another,* **mudarse** is used. **Desplazarse** is a synonym for **moverse,** but suggests more shifting or sliding of position. (See also note 10, p. 179.)

Mueva Ud. la silla más hacia la derecha.	*Move the chair more to the right.*
No **te muevas** hasta que te lo diga.	*Don't move until I tell you to.*
En febrero, María **se mudó** a Nueva York.	*In February, María moved to New York.*
Hay que sujetar bien las cajas para que no se **desplacen** con el movimiento del barco.	*You must tie down the boxes so they don't shift (move around) with the movement of the boat.*

6

corriente	common, ordinary
común	common
ordinario	ordinary, common
vulgar	common; popular; vulgar
grosero	coarse, crude, common

Care should be exercised in translating *common* and some of its synonyms into Spanish. In the sense of *customary, widespread, general,* or *of frequent occurrence,* **corriente** and **común** can both be used, usually with little difference in meaning. **Ordinario,** however, unlike its English cognate *ordinary,* almost always has negative or pejorative connotations in Spanish. **Vulgar** can mean *common* in the neutral sense of *usual* or *ordinary,* or depending on context and intention, in the negative sense of *coarse, unrefined,* or *vulgar.* In this latter context, it is a partial synonym for the even stronger **grosero,** *coarse* or *crude.* Finally, **vulgar** can mean *common* in the sense of *popular,* as opposed to *genteel.*

La artritis es una enfermedad **común (corriente)** entre las personas mayores.	*Arthritis is a common disease among older people.*
Lo que describes es cada vez más **común (corriente)** en esta ciudad.	*What you describe is more and more common (frequent) in this city.*
Vimos una película que se llamaba *Una familia* **corriente.**	*We saw a film that was called An Ordinary Family.*
Él es un hombre **ordinario** que siempre habla a gritos.	*He's an uncouth (ill-bred) man who is always shouting.*
La verdad es que no soy más que una persona **vulgar.**	*The truth is that I am only a common (ordinary) person.*
En español, «pulmonía» es el nombre **vulgar** de la neumonía.	*In Spanish "pulmonía" is the common name for pneumonia.*

7

destacarse	to stand out
descollar	to stand out
sobresalir	to stand out

To stand out, or *to be more conspicuous* than something or someone else because of height, size or superior quality, may be rendered by any of the three verbs above. All three may indicate to *stand out* physically or figuratively. Of the three, the stem-changing verb **descollar** is the least used in spoken Spanish; it is, however, common in written Spanish. **Destacar** is used reflexively to indicate that something or someone *stands out* on its own merits. Used without **-se,** **destacar** means *to make something stand out* by drawing attention to it. A slight preference may exist for **sobresalir** among these verbs when the distinction is academic or cultural in nature, but in general the verbs are interchangeable.

Aquella muchacha **se destaca** por su inteligencia.	*That girl stands out because of her intelligence.*
La pintora **se destaca** por la originalidad de sus cuadros.	*The painter stands out for the originality of her paintings.*
Quiero **destacar** su contribución al éxito de la empresa.	*I want to bring out (emphasize) his (her) contribution to the firm's success.*
Juan Carlos **descuella** por su bondad.	*Juan Carlos is known (stands out) for his goodness.*
Pilita **sobresale** en química.	*Pilita excels (is outstanding) in chemistry.*

8

adiestrar	to train
el adiestramiento	training
entrenar	to train, to coach
el entrenamiento	training
el (la) entrenador(a)	trainer, coach
ejercitar	to train, to drill

Adiestrar and **adiestramiento** indicate teaching some skill through example or instruction. However, by far the most common Spanish equivalent of English *to train,* especially in the context of formally learning or practicing a sport or military skill, is **entrenar.** In the sports context, **entrenar** often renders *to coach* as well as *to train.* **Ejercitar** is occasionally used for *to train,* particularly in the context of repeated physical exercise used to maintain or enhance skills or conditioning.

Nosotros tenemos que **adiestrarlos** en el uso de estas nuevas máquinas.	*We will have to train them in the use of these new machines.*
¿Quién va a **entrenar** a nuestro equipo olímpico?	*Who is going to coach (train) our Olympic team?*
Los atletas profesionales tienen que **entrenarse** todos los días.	*Professional athletes have to train every day.*
Hizo el **entrenamiento** básico militar en Parris Island.	*He did his basic military training at Parris Island.*
Asesores extranjeros **entrenaban** a los guerrilleros.	*Foreign advisers trained the guerrillas.*
Nuestra **entrenadora** celebra su cumpleaños mañana.	*Our coach will celebrate her birthday tomorrow.*
Ella **está ejercitando** su caballo para el desfile del Año Nuevo.	*She is preparing (training) her horse for the New Year's Day parade.*

9

la pericia	skill, expertise
perito	skilled, expert in
la habilidad	skill, ability, cleverness
hábil	skillful, able
la destreza	skill, dexterity
diestro	skillful, dexterous; right-handed

The three nouns above and their adjectives are close synonyms; all indicate the ability to do things well. **Hábil** has the broadest range of meanings and can indicate cleverness and intellectual ability, as well as the skill to do practical things. **Pericia** and **perito** suggest the ability acquired from experience, as well as the ability to use applied practical knowledge, often on mechanical things. **Destreza** and **diestro** are less frequently used, normally when the ability or skill involves some kind of manual dexterity. Despite the distinctions indicated, the adjectives are often used interchangeably with little or no difference in meaning.

Alicia es una mujer muy **hábil** y ha subido rápidamente en la administración del banco.	*Alice is a very clever (skilled, able) woman and she has risen rapidly in the bank's management.*
Juan es un **perito** electricista.	*Juan is an expert (skilled) electrician.*
La **diestra** cirujana le salvó la vida a la niña.	*The skilled surgeon saved the little girl's life.*

$I O$

el decenio	ten-year period
la década	decade, ten-year period
el lustro	five-year period
el siglo	century
el centenario	period of one hundred years; centennial

Spanish has several words to indicate common periods of time measured in years. It is, of course, also possible to designate these units of years in **períodos** or **espacios de tantos años.**

En julio, Carmen cumple dos **lustros** (una **década**) de servicios en su compañía.	*In July, Carmen will complete ten years of service with her company.*
Después de un **siglo** de colonialismo, la isla consiguió su independencia.	*After a century (one hundred years) of colonialism, the island won its independence.*

$I I$

el dato	fact
los datos	facts, data
el hecho	fact, deed
el historial	record, dossier
el expediente	file

Dato and **hecho** may both translate the English noun *fact,* but **dato** indicates information from which some inference may be drawn, whereas **hecho** *indicates something that has been done* or *has taken place.* The plural form of **dato** renders English *data.* **Historial** may refer to almost any kind of record or file (criminal, professional), but **expediente** is preferred for *an academic record* or *file.*

Carlos publicó todos los **datos** de su experimento.	*Carlos published all the facts (data) from his experiment.*
Es un **hecho** que él no quiere aceptar.	*This is a fact (deed) that he doesn't want to accept.*
El asesino tenía un extenso **historial** en la policía.	*The murderer had an extensive record with the police.*
Su **expediente** académico no es muy bueno.	*His (her) transcript (academic record) isn't very good.*
El ***expediente*** X era el título de un conocido programa de televisión.	*The X-File was the title of a well-known TV program.*

I2

libre	free
gratuito (adj.)	free
gratis (adv.)	free
exento	exempt, free
liberar	to free
librar	to free
libertar	to liberate, to free

The English adjective *free* meaning *unrestricted* or *independent* is most often **libre.** But, English *free,* in the sense of *without cost or payment,* or *gratuitous,* is **gratuito** (adj.) or **gratis** (adv.) in Spanish. Spanish **exento,** like English *exempt,* means *released or excused from some obligation required of others.* It is also a synonym for **libre.** Of the three verbs meaning *to free,* **liberar** and **librar** are close synonyms. **Liberar** has a broader meaning but is less commonly used than **librar.** The latter is preferred to indicate *freeing, saving,* or *releasing someone from an obligation, worry,* or *danger.* **Libertar** is used in the context of giving freedom or liberty to a captive, prisoner, slave, or to a nation dominated by another.

Quiero vivir solo, **libre (exento)** de responsabilidades.	*I want to live alone, free of responsibilities.*
El prisionero soñaba con ser un hombre **libre.**	*The prisoner dreamed of being a free man.*
El cura daba clases **gratuitas** a los niños.	*The priest used to give free lessons to the children.*
Mi esposa trabaja en una línea aérea y viaja **gratis** en ciertos vuelos.	*My wife works for an airline and travels free on certain flights.*
La policía **liberó** a los rehenes que estaban en manos de los atracadores.	*The police freed the hostages who were being held by the hold-up men.*
Nunca pude **librarme** de las obligaciones familiares.	*I was never able to free myself from family obligations.*
¿En qué año **se libertaron** los esclavos en los Estados Unidos?	*In what year were the slaves freed in the United States?*

13

mejorar	to improve
la mejora	improvement
el mejoramiento	improvement
la mejoría	improvement

Of the three nouns above, **mejora,** the most widely used, indicates all kinds of physical improvements made to buildings or property, as well as improvements in financial and economic situations, etc. **Mejoría** is used largely for improvements in health or weather. **Mejoramiento,** although a synonym for the first two words, is used mostly to indicate improvements that are more extensive in scope or are continuing in nature.

La situación política no va a experimentar ningún **mejoramiento** importante en un futuro próximo.	*The political situation isn't going to undergo any major improvement in the near future.*
Ha habido una ligera **mejoría** en el tiempo.	*There has been a slight improvement in the weather.*
El enfermo ha experimentado una sorprendente **mejoría.**	*The patient has experienced a surprising improvement.*
La **mejora** de las pensiones ha beneficiado a los jubilados.	*The improvement in their pensions has helped the retired people.*
En España, se han hecho muchas **mejoras** en la red de carreteras.	*In Spain many improvements have been made in the highway system.*

14

ganar	to win
vencer	to beat, to defeat
derrotar	to defeat
superar	to overcome, to surpass

Ganar is by far the most commonly used verb to indicate winning a victory or defeating an opponent. **Vencer** is the least used synonym for **ganar** when referring to sporting events. Unlike **derrotar,** which always requires a direct object, **vencer** may be used with or without a direct object. When a synonym is needed, **superar** is used most in Spanish to indicate overcoming obstacles, difficulties, or problems, rather than a physical opponent.

Con mejores bateadores, **habríamos ganado** el campeonato.	*With better batters, we would have won the championship.*
Este año nuestra ciudad tendrá un gran equipo y podrá **ganar** a cualquier otro club de fútbol americano.	*This year our city will have a great team that can defeat any other football team.*
Asistiendo a un programa de terapia de grupo, él logró **superar** sus problemas de salud.	*By attending a group-therapy program, he managed to overcome his health problems.*

Ejercicios

Comprensión de la lectura

De las cuatro respuestas que se indican para cada pregunta, seleccione Ud. la correcta de acuerdo con el ensayo. También indique brevemente por qué las otras opciones son incorrectas.

1. En la ciudad denominada Wiredville _____.
   a. los habitantes tienen mucho espíritu de comunidad
   b. la *Internet* no reemplaza la comunicación personal
   c. la vida urbana depende de la tecnología
   d. la vida es menos cómoda que en el pasado

2. Debido a los avances tecnológicos de la cibernética _____.
   a. se está creando una utopía para todos
   b. existe el peligro de la demasiada mecanización
   c. es fácil adquirir la habilidad para controlar la tecnología
   d. los beneficios de la tecnología serán para pocas personas

3. La revolución tecnológica ha producido una sensación de maravilla porque _____.
   a. ha podido explicar la complejidad del universo
   b. depende completamente del *microchip*
   c. ha sido invento de los japoneses
   d. ha mejorado enormemente los medios de comunicación en el mundo

4. En el futuro, la tecnología _____.
   a. garantiza la victoria en la lucha contra las enfermedades
   b. puede contribuir a una sociedad más justa
   c. eliminará las desigualdades sociales
   d. no podrá crear vida en el laboratorio

La palabra adecuada

A. Para cada frase que sigue, elija Ud. la palabra o expresión que complete mejor el sentido.

1. La entrenadora notó la (el) _____ de su equipo, que había ganado ya ocho partidos seguidos.
   a. mejora
   b. mejoría
   c. mejoramiento

2. Si _____ donante de sangre, puedes salvar la vida de otra persona.
   a. te conviertes en
   b. te haces
   c. te vuelves

3. Este año tenemos un gran equipo y podremos _____ a cualquier otro club de fútbol femenino.
   a. vencer
   b. superar
   c. ganar

4. Prometió esperarme en _____ del bulevard Wilshire y la avenida Veteran.
   a. la comisura
   b. el rincón
   c. la esquina

B. De acuerdo con las notas de **Expansión del vocabulario,** utilice la palabra o expresión que complete mejor el sentido de cada frase. En algunos casos, puede haber más de una palabra apropiada.

1. En los ejércitos, los soldados son _____ (use participio pasado) para matar al enemigo.

2. En años recientes, las hermanas Williams se han _____ figuras muy importantes en el tenis internacional.

3. Su reseña es tan superficial que no _____ nada nuevo a nuestra comprensión del libro.

4. No murió nadie, pero muchos edificios quedaron _____ como resultado del último terremoto.

C. Complete las frases que siguen, escogiendo las palabras que mejor corresponden al sentido, modificándolas gramaticalmente siempre que sea necesario. No use ninguna palabra más de una vez.

expediente	libre	rincón	historial
pericia	gratis	jugar	disgustar
derrotar	lesión	practicar	entrenar
destacarse	datos	ganar	común
lesionar	grosero	derrotar	

1. En la universidad, le dieron a María la matrícula _____ por tener un _____ académico perfecto.

2. Aníbal _____ más por su _____ técnica que por ser muy dedicado al estudio.

3. Arturo es una persona tan _____ que me _____ estar en la misma clase que él.

4. Los niños estaban _____ al béisbol en un(a) _____ del enorme campo de deportes.

Preguntas textuales

1. ¿Por qué razones se han hecho tan útiles las computadoras?

2. ¿Cómo ha contribuido el correo electrónico a unirnos y a separarnos al mismo tiempo?

3. Dé algunos ejemplos en el lenguaje de la informática que muestren cómo el inglés ha influido en el español.

Tareas complementarias

A. De acuerdo con la especialidad elegida o el trabajo habitual de cada alumno, hacerlo hablar sobre los avances y retrocesos que la tecnología moderna ha producido en el área de su competencia.

B. Describir colectivamente las características de una sociedad humana en la que todas las tareas habituales de hoy se realicen por medios mecánicos y por robots.

C. A principios del siglo XIX se difundió en Europa la Revolución Industrial originada en Inglaterra. Como consecuencia, los hombres perdieron fuentes de trabajo y fueron remplazados por mujeres y niños de corta edad, quienes por menos dinero trabajaban más horas en el manejo de las máquinas. ¿Podemos hablar hoy de una Revolución Tecnológica en el mismo sentido, y si es así cuáles podrán ser las consecuencias sociales producidas por los nuevos cambios? Los alumnos, divididos en grupos, pueden opinar a favor o en contra de la revolución tecnológica y discutir sus consecuencias.

D. Discútanse las ventajas y desventajas de poder controlar con la computadora el funcionamiento de todos los sistemas eléctricos y mecánicos de una casa: consumo de energía, funcionamiento de los enseres domésticos (televisión, heladera, aire acondicionado, alarmas, tostador de pan, etc.) Los alumnos que acepten ese tipo de unificación de todos los servicios domésticos se referirán a la comodidad, las ventajas de controlar el funcionamiento de todos los aparatos, de conocer dónde están las fallas del sistema, etc. Los que se opongan, describirán las consecuencias de una falla en la computación o una falta inesperada de energía.

IO La influencia de la televisión

I. Prelectura

Ejercicios para despertar ideas en la clase anterior a la lectura.

Palabras útiles

anunciar	to announce, to advertise
divertir	to amuse
el (la) locutor (a)	announcer
el noticiario (o noticiero)	newscast
la telenovela	soap opera
el (la) televidente	TV viewer
transmitir	to broadcast

Preguntas preliminares

1. ¿Cuál es el programa de televisión más popular entre las personas de su edad? ¿Cuáles son las causas de esa popularidad? (**Sugerencias:** dar como razones la preferencia por actores, temas, asuntos; por el realismo, el idealismo o el escapismo de los programas.)

2. ¿Qué materias cree usted que deben eliminarse o al menos restringirse severamente en los programas de televisión? (**Sugerencias:** Extremos de obscenidad en el lenguaje o en los gestos; actos sexuales; desnudos; violencia en general; presentación de crímenes; abusos contra la mujer o los niños; incitaciones al odio racial.)

II. Lectura

El efecto de la **televisión**[1] sobre la vida moderna es motivo° de seria discusión, ya que el televidente medio° de los Estados Unidos ve la televisión más de siete horas diarias. Hay que suponer que en el **futuro**[2] esta cifra° seguirá aumentando aún más. Naturalmente, el estar sujeto° tanto tiempo a las **imágenes**[3] de la pantalla° no puede menos que tener consecuencias profundas para el ser humano y la sociedad.

La televisión constituye una poderosa arma° aprovechable° para múltiples fines. Hay gobiernos que consideran la televisión como monopolio estatal y la manejan fundamentalmente como instrumento de control político e ideológico. Sin embargo, ese control puede producir a veces resultados positivos con respecto a los programas culturales y de **entretenimiento**[4] popular. Otros gobiernos, más democráticos, creen también que el estado debe ejercer cierta supervisión cultural sobre la televisión. Para ello mantienen a ciertas **emisoras**[5] dependientes del apoyo° gubernamental. Sin embargo, estos gobiernos, a diferencia de los totalitarios, no suelen abusar de su poder para intervenir directamente con fines políticos. Al contrario, mantienen cierta neutralidad al respecto porque creen que la misión de la televisión es educativa y cultural. Los subsidios estatales permiten a las emisoras subsistir sin la **publicidad**[6] que afecta negativamente la **calidad**[7] de los programas. Hay también emisoras que sólo reciben un apoyo económico parcial y tienen que **admitir**[8] alguna publicidad para cubrir aquellos gastos no compensados por el subsidio. Pueden así seleccionar esa publicidad, y sobre todo ofrecer al público, con mayor libertad, una variedad de programas excelentes: teatro, ópera, conciertos, debates sobre cuestiones importantes, entrevistas con prestigiosos políticos, artistas, escritores, y documentales° sobre viajes, naturaleza, historia, geografía, ciencia, etc.

Los Estados Unidos son el país donde la comercialización de la televisión ha llegado al punto extremo. La industria de la televisión, que abarca° muchos centenares de estaciones, comprende° un complejo de actividades que están organizadas en tres grandes sectores: las compañías emisoras, las empresas de producción, y las agencias de publicidad comercial.

Las empresas industriales, comerciales y bancarias norteamericanas gastan cada año miles de millones de dólares en propaganda televisiva. Financian series melodramáticas y de aventuras, programas de deportes y de música, películas y todo programa **popular**[9] que asegure más compradores para sus productos y servicios. A veces la publicidad en estos programas es tan frecuente, intensa y molesta que constituye en verdad un nuevo tipo de contaminación auditiva°.

cause
average (adj.)

figure
subjected, screen

weapon, available, usable

support

documentaries

comprises, include

auditory, sound

Las grandes cadenas emisoras defienden su programación° dicien- *programming*
do que el público puede decidir qué clase de programas prefiere con
sólo **cambiar**[10] de canal o apagar el receptor. Afirman que la televisión sólo ofrece lo que le interesa al norteamericano medio: un entretenimiento superficial que le permite relajarse y olvidar
momentáneamente los problemas personales. Pero esta afirmación es
falsa, ya que los que controlan los medios de comunicación suelen
confundir sus propios intereses con los del público televidente.

En contraste con la televisión comercial, la llamada en inglés *Public Television* está **sostenida**[11] económicamente con donaciones del
público. Recibe también alguna ayuda del gobierno, pero en mucho
mayor escala, de fundaciones y organizaciones filantrópicas. Por eso
normalmente admite muy poca publicidad pagada y no tiene que
competir en su programación con emisoras comerciales. Los que defienden la televisión como medio de educación valioso para la sociedad, destacan esta red de televisión no comercial como ejemplo de lo
que debería ser la televisión en general.

Pero la triste realidad es que el gusto° del televidente medio ha si- *taste*
do formado en gran parte por la televisión comercial. El público está
acostumbrado a programas de contenido poco profundo y de nivel
cultural bajo. Los programas de la televisión pública, que exigen generalmente mayor esfuerzo mental, son por consiguiente menos populares. La televisión pública intenta estimular más la capacidad
intelectual del televidente, elevar su nivel cultural y ayudarle a comprender y apreciar mejor el complejo mundo en que vivimos.

Para un gran sector de la población, la televisión es una parte importante de su realidad, a veces tan verdadera como la constituida
por el trabajo diario en la fábrica, la oficina, la escuela o la universidad. Cuando la propia existencia parece pobre o aburrida, se puede
siempre escapar a través de la pantalla a un mundo más atractivo e
interesante, un mundo poblado de seres que son excepcionales por su
belleza física, su poder financiero, su intensidad emotiva y hasta por
su maldad, tal como los presentados en las series semanales más conocidas. Y para aquellas personas que carecen de una vida
afectiva° satisfactoria, hay telenovelas° que ofrecen muchas horas de *emotional soap*
aventuras amorosas que pueden constituir una compensación de las *operas*
emociones que les faltan. Pero lo más terrible es que todos esos programas tienen gran poder de sugestión sobre ciertos televidentes y éstos pierden así la capacidad de distinguir la realidad de la fantasía.
Estos individuos tienden a medir los logros° de su vida comparándo- *achievements*
los con los de los personajes presentados en la televisión. Es decir, su
insatisfacción ante la propia vida aumenta con las falsas imágenes de
la pantalla.

La escena, tan corriente en casas norteamericanas, de la familia
desayunando o cenando en la cocina, con el televisor encendido, ofrece una imagen algo triste de nuestra sociedad. Demuestra hasta qué

punto somos una sociedad teleadicta°, en la que la televisión ha *addicted to*
reemplazado el diálogo, e impide así que los miembros de la familia *television*
se comuniquen entre sí en las únicas horas en que suelen estar jun-
tos.

Volvamos ahora nuestra atención a los niños. La televisión afecta
profundamente a los adultos, pero afecta mucho más la sensibilidad
y la mente de los niños. Hay expertos que creen que no se les debe
permitir a los pequeños ver la televisión sin que un adulto les seleccione los programas convenientes. Los niños de poca edad no son ca-
paces de asimilar las ideas abstractas ni los conflictos humanos
presentados en la televisión, y quedan por eso confusos y desorienta-
dos. Ello ocurre también con los programas infantiles. Los niños par-
ticipan con tanta intensidad de la **trama**[12] y se identifican de tal
manera con los héroes o antihéroes que pierden la conciencia de los
riesgos de las conductas que imitan. Muchos padres no vigilan los
programas que ven sus hijos, entre ellos películas con escenas de violencia que inducen a la imitación y provocan en el niño reacciones
agresivas.

En la sociedad norteamericana existen modos de mitigar o dismi-
nuir la influencia de la televisión sobre el público. Pero no suele ocurrir lo mismo en muchos otros países, sobre todo los más pobres,
donde la televisión representa además, una amenaza de otra índole°. *kind, class*
Estos países **cuentan con**[13] estaciones transmisoras, pero no producen sus propios programas. Muchos de los programas que transmiten
son producidos en los Estados Unidos, lo que puede facilitar una especie de imperialismo cultural a través de la televisión. Además, la
publicidad anuncia muchos productos fabricados por compañías
multinacionales. Aunque nadie niega el papel importante que la publicidad tiene en el desarrollo económico de un país, si ésta resulta
controlada por los que son en gran parte intereses extranjeros, puede
perjudicar las industrias locales. Puede crear también en la mente del
pueblo «necesidades» más de acuerdo con una sociedad de consumo
y con modelos extranjeros que con las verdaderas necesidades de los
ciudadanos de un país pobre o en vías de desarrollo.

Toda esta crítica de la televisión no implica, sin embargo, descono- *ignoring, denying*
cer° sus aspectos positivos. Constituye, por ejemplo, una especie de
ventana al mundo que ensancha° los horizontes de nuestra cultura, y *broadens, enlarge*
nos hace conocer pueblos y costumbres diferentes. Nos trae casi ins-
tantáneamente noticias importantes del mundo entero. Puede también complementar la formación educativa de los niños de edad
escolar°. *of school age*

Tampoco debemos olvidar que es un medio de información y de
entretenimiento muy valioso para los enfermos y **ancianos**[14] que no
pueden salir del hospital o de su casa. La televisión puede ofrecerles
compañía o, al menos, un cierto contacto con la vida exterior. Les

ayuda a aliviar su soledad y sus penas, participando de las vidas presentadas en la pantalla. Para la gente que vive en el campo o en los pequeños pueblos, la televisión es un modo de establecer una comunicación con el resto del país y de enterarse de° los problemas nacionales e internacionales que la pueden afectar.

to find out about

En fin, no es cuestión de lamentar el frecuente mal uso de la televisión, sino de mejorar la calidad de los programas y de aprovechar más inteligentemente las posibilidades que ofrece el medio televisivo.

Expansión de vocabulario

la televisión	television
el televisor	television set
televisar	to televise
televisivo	television (adj.)
ver la televisión	to watch (look at) television
el (la) locutor(a)	TV announcer, commentator, reporter
las noticias	news
el noticiero	newscast, news report
el parte (informe) meteorológico	weather report
el pronóstico meteorológico	weather forecast
pronosticar	to forecast

The adjective **televisivo** means *television* or *TV* in reference to programs, broadcasts, etc. In popular usage, **la tele** often replaces la televisión. Notice that in most parts of the Spanish-speaking world **ver** (and not **mirar**) renders English *to watch (look at)* televisión.

Mi **televisor** es tan viejo que no vale la pena repararlo.	*My TV set is so old that it's not worth repairing (it).*
Se **televisará** el desfile del 5 de Mayo.	*The Cinco de Mayo parade will be televised.*
Linda ha participado en muchos programas **televisivos.**	*Linda has taken part in many TV programs.*
Prefiero ver **el noticiero** de las once porque tiene mejores locutores.	*I prefer to watch the eleven o'clock news (report) because it has better newscasters.*
El **parte meteorológico pronostica** lluvia para mañana.	*The weather report predicts rain for tomorrow.*

2

el futuro	the future
el porvenir	the future
el mañana	the future

When referring to the future in a personalized way, Spanish often substitutes **el porvenir** for the standard **el futuro.** Less commonly, and often to indicate an even more remote and less certain future, **el mañana** (from **el día de mañana**) replaces **el futuro.**

Siempre es arriesgado predecir **el futuro.**	*It's always risky to predict the future.*
Tu hija tendrá un **porvenir** brillante.	*Your daughter will have a brilliant future.*
No sé cómo afectará la inflación nuestro **porvenir** económico.	*I don't know how inflation will affect our economic future.*
Puede Ud. asegurar hoy su **mañana** ahorrando dinero en nuestro banco.	*You can assure your future today by saving money in our bank.*

3

la imagen	picture, image
la foto(grafía)	picture, photo(graph)
la película	picture, movie, film
el dibujo	drawing, picture, sketch
el retrato	portrait, picture
el cuadro	painting, picture
la pintura	painting; paint

Imagen renders the English noun *picture* in the sense of what appears on the TV screen. English *picture*, especially in informal speech, may refer to the representation of persons or things made by painting, drawing, photography, or other means. It thus refers to a number of concepts which are clearly differentiated in Spanish through the use of distinct words. Note, too, that as in English, the Spanish abbreviated form **foto** is far more common than the full word. Also, **cuadro** in Spanish may refer to an oil painting, watercolor, or drawing, usually framed. Although **la pintura,** *painting,* is sometimes used as a synonym for **cuadro,** it is more precisely reserved for the art of painting itself rather than for individual works of art.

Nosotros tenemos que arreglar el televisor porque transmite la **imagen** sin sonido.	*We have to fix the TV because we get the picture without any sound.*
Enséñame las **fotos** que tomaste (sacaste) en Suiza.	*Show me the pictures (photos) you took in Switzerland.*
Mañana se estrena la nueva **película** de Woody Allen.	*Tomorrow Woody Allen's new picture (film) is being premiered (shown for the first time).*
Walt Disney fue un genial creador de **dibujos** animados.	*Walt Disney was a brilliant creator of animated cartoons.*
En todos los colegios hay un **retrato** del presidente Washington.	*In all the schools there is a picture (portrait) of Washington.*
Ese **cuadro** pequeño es de Goya.	*That small picture (painting) is by Goya.*
María tiene un libro sobre la **pintura** francesa.	*María has a book about French painting.*

4

el entretenimiento	entertainment, amusement
la diversión	entertainment, amusement
entretener(se)	to entertain, to amuse
divertir(se)	to entertain, to amuse
pasarlo bien	to have a good time

To entertain and *to amuse* are partial synonyms. So, too, are **entretener** and **divertir.** However, **divertir** tends to be used for a more direct kind of activity than **entretener** and can stress more the reaction of happiness produced, sometimes in the form of laughter or a smile. **Entretener** has one important meaning that is lacking in **divertir.** It indicates *to while away or to spend one's time at something,* or *to be(come) distracted, detained* or *held up* by someone.

As seen in the examples below, the verbs are used both transitively and reflexively, with **divertirse** (or **pasarlo bien**) being the standard way of expressing *to have a good time.*

Compré una revista para **entretenerme** durante la espera.	*I bought a magazine to pass the time while [I was] waiting.*
El acontecimiento **entretuvo** a la nación seis meses.	*The event held the nation's attention for six months.*
Las palabras cruzadas (los crucigramas) me **entretienen** más que el ajedrez.	*Crossword puzzles amuse me more than chess.*
Si **te entretienes** mucho en el camino, no llegarás a tiempo.	*If you delay (take too much time) along the way, you won't arrive on time.*
Carlos llegó tarde porque lo **entretuvo** su jefe.	*Carlos arrived late because his boss detained him (held him up).*
Las películas de Charlie Chaplin **nos divierten** mucho.	*Charlie Chaplin's movies amuse us (make us laugh) a lot.*
¿Te divertiste (lo pasaste bien) anoche en la fiesta?	*Did you have a good time at the party last night?*

5

la emisora	station; transmitter
la estación de televisión (radio)	TV (radio) station
la emisión	broadcast
emisor(a)	broadcasting (adj.)
emitir	to broadcast
transmitir	to broadcast

Although **estación de televisión (radio)** is sometimes used, the more common term for *television (radio) station* is **la emisora.** It is the shorter form of **la (estación) emisora,** in which **estación,** *station,* is understood. **Emitir** is the standard word for *to broadcast* or *to present* on television or radio, and is a synonym of **transmitir.**

Ellos han instalado la nueva **emisora** en la cima de la montaña.	*They have installed the new station (transmitter) on top of the mountain.*
Prefiero las **emisiones** de música en las estaciones de frecuencia modulada.	*I prefer the music broadcasts (programs) on the FM stations.*
A las ocho de la noche, **será emitido** en directo un concierto dirigido por Ricardo Muti.	*At 8:00 P.M., a live concert directed by Riccardo Muti will be broadcast.*

6

la publicidad	advertising, publicity
publicitario	advertising (adj.)
la propaganda	propaganda; advertising
el anuncio	announcement; ad(vertisement)
anunciar	to advertise; to announce
el espacio (publicitario)	(commercial) time

In Spanish, **la publicidad** often translates English *advertising.* **La propaganda,** like its English cognate *propaganda,* is used for ideas employed to convince or persuade. In Spanish it is also used for commercial persuasion and is thus a synonym of **publicidad.** Both nouns are commonly used with **hacer.** The English noun *commercial,* meaning an *advertisement* on radio or TV, is best rendered as **anuncio.** If this is contextually ambiguous, **anuncio comercial (publicitario)** may be used. Finally, a TV or radio *advertising spot* (or *time*) is translated as **espacio (publicitario).**

MGM hizo mucha **publicidad** de la nueva película, anunciándola en todas partes.	*MGM heavily publicized its new film, advertising it everywhere.*
Las líneas aéreas gastan mucho en **publicidad** televisiva.	*The airlines spend a lot on TV advertising.*
Este **espacio (publicitario)** ha costado a la empresa cervecera mucho dinero.	*This time spot has cost the brewery a lot of money.*
La senadora hizo una **propaganda** muy eficaz de su programa económico.	*The senator prepared a very effective advertising campaign for her economic program.*
Han mandado a mi casa la **propaganda** de un nuevo detergente.	*They have sent advertising for a new detergent to my house.*
Vamos a poner en el diario un **anuncio** clasificado para vender el coche.	*Let's put a classified ad in the paper to sell the car.*

7

la calidad	quality
la cualidad	quality
la cantidad	quantity

The English noun *quality,* when it means a trait or characteristic, is **cualidad.** When it implies a judgment of high or low value, however, it is rendered by **calidad.** However, avoid the temptation of using two different Spanish forms as the equivalent of English *quantity,* since **cantidad** is the only word for *quantity* in Spanish.

En su casa siempre sirven vinos de **calidad.**	*At their house they always serve quality wines.*
Hubo una protesta en el penal por la pésima **calidad** de la comida.	*There was a protest in the penitentiary over the poor quality of the food.*
¿Qué **cualidades** buscamos en los candidatos?	*What qualities are we looking for in the candidates?*
No queremos **cantidad,** sino **calidad.**	*We don't want quantity, but quality.*

8

admitir	to accept, to admit
reconocer	to recognize, to admit

Admitir, like English *to admit,* means *to grant entrance to.* But **admitir** has another common meaning lacking in its English cognate: *to accept* something that is given or offered, whether tangible (a tip, the return of purchased merchandise) or intangible (an excuse, explanation), etc. **Reconocer,** *to recognize,* also means *to admit,* as does its English cognate, in the sense of *to confess, to acknowledge, to concede,* etc.

A Carlos lo **admitieron** en Harvard.	*Carlos was admitted to Harvard.*
En este restaurante no se **admiten** tarjetas de crédito.	*In this restaurant credit cards aren't accepted.*
Reconozco que estaba equivocado.	*I admit that I was wrong.*
El decano **reconoció** que sería dificíl conseguir más dinero.	*The dean admitted that it would be difficult to get more money.*

9

popular   popular

de moda   popular, in fashion

English *popular* and Spanish **popular** share two meanings: that which pertains to the common people and that which is widely liked, appreciated, or sought after. But English *popular,* in the sense of current style, fashion, or general public appeal, is better rendered in Spanish as **de moda.**

Muchas fiestas **populares** conservan costumbres de otros siglos.	*Many popular festivals preserve customs from other centuries.*
¿Prefieres la música clásica o la música **popular**?	*Do you prefer classical or popular music?*
Es una escritora **popular,** pero poca gente culta la lee.	*She is a popular writer, but not many cultured people read her.*
Ese tipo de zapato está ahora muy **de moda.**	*That type of shoe is very popular (right) now.*

10

cambiar   to change; to exchange

mudar   to change

mudarse   to move; to change

mover   to move

Among the principal meanings of *to change* in English are: (a) to make something different, (b) to pass from one form or phase into a different one, (c) to go or move from one place or abode to another, (d) to put on different clothes. Although in Spanish either **cambiar** or **mudar** may render some of these meanings of English *to change,* **cambiar** is much more common. **Mudar** is most often a written synonym for **cambiar,** and when used in everyday speech tends to suggest a more fundamental, complete, or permanent change than **cambiar.** *To change money* into different denominations or into foreign currency is **cambiar** and never **mudar.** Notice that English *to move,* meaning *to go live somewhere else,* is **mudarse,** and is followed by **de(a)** and the word for the abode one is leaving (a moving to). In most other cases, English *to move, meaning to go or to shift something from one place to another,* is Spanish **mover(se).**

Debes **cambiar** tu actitud hacia la vida.

You should change your attitude towards life.

Si Juan no **cambia,** rompe con él.

If Juan doesn't change, break up with him.

En San Luis tendrás que **cambiar** de avión.

In St. Louis you will have to change planes.

¿Me puede **cambiar** este billete de cien dólares?

Can you change this hundred dollar bill for me?

El lunes **nos mudamos de** este piso (apartamento) a uno mucho mejor.

On Monday we are moving from this apartment to a much better one.

Él se mojó tanto que tuvo que **mudarse (cambiarse) de** ropa.

He got so wet that he had to change (all) his clothes.

Estos gusanos **mudan** su forma y se convierten en unas mariposas hermosísimas.

These caterpillars change their form and become beautiful butterflies.

Mueve un poco esa butaca.

Move that (arm)chair a bit.

Aquí no hay ni espacio para **movernos.**

Here there isn't even room for us to move (around).

II

sostener	to sustain, to support, to hold up
mantener	to maintain, to support, to keep
soportar	to support, to hold up; to endure

Both **sostener** and **mantener** can *indicate to provide someone with economic support.* **Mantener** has a broader meaning: that of keeping or maintaining almost anything in its present state or condition. **Soportar,** as well as **sostener** and **mantener,** can indicate *the bracing, propping,* or *holding up* of something so it will not fall. Notice that **soportar** never means *to support* in an economic sense, but it does mean *to put up with, to endure,* or *to stand* and is thus a synonym for **aguantar.**

Yo **me sostengo (mantengo)** dando lecciones particulares de piano.	*I support myself by giving private piano lessons.*
Ellos quieren **mantener** el país en la ignorancia.	*They want to keep the country in ignorance.*
¿Cómo vamos a **mantener** limpia la ciudad (fría esta comida)?	*How are we going to keep the city clean (this food cold)?*
Este puente no **soporta** el peso del camión.	*This bridge won't support the weight of the truck.*
¿Cómo puedes **soportar** al marido de Julia?	*How can you stand Julia's husband?*
Para que no se cayera la pared, la **mantuvimos (sostuvimos)** con unas maderas.	*So that the wall wouldn't fall, we supported it (held it up, propped it up) with boards.*

I2 ▪▫▪▫▪▫▪▫▪▫▪▫▪

la trama	plot
tramar	to plot, to scheme
el argumento	plot

Both **trama** and **argumento** are translated as *plot* in most Spanish-English dictionaries. However, **trama,** as suggested by several meanings of the verb **tramar,** *to contrive, to scheme, to plot,* etc., means something different from **argumento.** Indeed, the noun **trama,** when applied to a novel, for example, indicates how the action or story is put or woven together. **Trama** is thus *plot* in the dimension of its construction and complication. **Argumento,** in contrast, is simply the main story line, that is, the summary of what happens in a novel, movie, play, etc.

La **trama** de la comedia no está bien construida.	*The comedy's plot isn't put together well.*
Los niños hablaban en secreto, **tramando** alguna travesura.	*The children were talking in secret, plotting (hatching) some mischievous act (prank).*
El **argumento** de la película está basado en una novela de Dickens.	*The film's plot is based on a novel by Dickens*

13

contar con	to have, to count on
reunir	to have
disponer de	to have

One meaning of **contar con** is *to have.* It commonly replaces **tener** to indicate the number of things or persons that a place has. **Contar con** can also indicate that someone not only has something, *but can rely (count) on it.* **Reunir,** the most common meaning of which is *to gather together,* is also a synonym for **tener.** It is used to suggest a series of characteristics, attributes, or qualities that are expected of a person or thing as a condition of its being acceptable for a given purpose. Finally, **disponer de** is also a synonym for **tener,** but in the context of something that is already available or at one's disposal.

Este país **cuenta** ahora **con** unos ocho millones de habitantes.	*This country now has some eight million inhabitants.*
Él **cuenta con** el apoyo de un patrocinador muy importante.	*He has the support of a very important sponsor.*
Los candidatos deben **reunir** ciertas características físicas.	*The candidates must have certain physical characteristics.*
Ellos quieren que su nueva casa **reúna** las características más modernas.	*They want their new house to have the most modern features.*
No **dispongo** de dinero suficiente para pagar el tratamiento.	*I don't have enough money (available) to pay for the treatment.*
Aquí **dispondrás** de todo, como si tú fueras el dueño de la casa.	*Here you will have everything (at your disposal), as if you were the owner of the house.*

14

anciano	old, aged
viejo	old
mayor	older, old
antiguo	old, antique, ancient

Anciano may be substituted for **viejo** only when referring to a person of quite advanced age. It conveys a note of respect on the part of the speaker towards the older person. **Mayor,** literally *older, oldest,* is also used euphemistically as a replacement for **viejo** to refer to an older person, who either is not quite old enough to be designated as **viejo,** or whom, although old enough, one does not wish to so designate. **Viejo,** when used as a noun to refer to people, has negative connotation, unless softened by a modifier or a diminutive ending.

Similarly for things, **antiguo** may replace **viejo** when referring to that which, despite being old, is still considered to be of use or to have value. In short, when referring to things, **antiguo** has positive connotations whereas **viejo** does not.

Él vive en un asilo de **ancianos.**	*He lives in a home for old people.*
Don Hermenengildo es un hombre ya **mayor.**	*Don Hermenengildo is a man already up in years.*
Él es un **viejo** muy desagradable.	*He's a very unpleasant old man.*
¡Qué **viejecito** más simpático!	*What a nice old man!*
La pobre **vieja** duerme en un banco.	*The poor old woman sleeps on a bench.*
Guillermo tiene una magnífica colección de alfombras **antiguas.**	*Guillermo has a magnificent collection of old (antique) rugs.*
Martínez es un hombre que compra libros **viejos.**	*Martínez is a man who buys old books.*
Él vive en una casa **vieja** en un barrio **antiguo** de Valencia.	*He lives in an old house in an old district of Valencia.*
Quiero tirar toda la ropa **vieja** a la basura.	*I want to throw all the old clothes into the trash.*

Ejercicios

Comprensión de la lectura

De las cuatro respuestas que se indican para cada pregunta, seleccione Ud. la correcta, de acuerdo con el ensayo. También indique brevemente por qué las otras opciones son incorrectas.

1. La televisión comercial en los Estados Unidos se caracteriza más que nada por _____.
    a. su énfasis en programas deportivos
    b. reflejar las preferencias del televidente
    c. el deseo de vender espacios publicitarios
    d. recibir donaciones del público

2. La «televisión pública» _____.
    a. está compitiendo bien con la televisión comercial
    b. está creciendo mucho en popularidad
    c. es instrumento educativo y cultural
    d. es adecuada para el televidente medio

3. Los programas de la televisión pueden crear en el espectador una visión equivocada de la realidad porque _____.
    a. muchas personas tienen demasiada imaginación
    b. la vida de muchos televidentes no es feliz
    c. la televisión tiene gran poder de sugestión
    d. el trabajo diario es tan aburrido

4. La televisión también tiene un valor positivo porque _____.
    a. establece un contacto importante entre las naciones del mundo
    b. alivia el aislamiento de los enfermos y ancianos
    c. informa a los especialistas de los avances técnicos
    d. reemplaza a los maestros en la clase

La palabra adecuada

A. Para cada frase que sigue, elija Ud. la palabra o expresión que complete mejor el sentido.

1. En este restaurante no se _____ propinas porque el servicio ya está incluido en la cuenta.
    a. emiten
    b. admiten
    c. reconocen

2. La mejor colección de _____ en toda Francia se encuentra en el Museo del Louvre de París, el más grande del país.
   a. dibujos
   b. cuadros
   c. imágenes

3. Si él _____ su conducta, todos estaríamos más contentos.
   a. pronosticara
   b. soportara
   c. cambiara

4. Los pilotos de esta línea aérea deben _____ excepcionales cualidades físicas y mentales.
   a. disponer de
   b. reunir
   c. entretener

B. De acuerdo con las notas de **Expansión de vocabulario,** utilice la palabra o expresión que complete mejor el sentido de cada frase. En algunos casos puede haber más de una palabra apropiada.

1. El hijo de Carlos no tendrá un gran _____ en las ciencias biológicas.
2. Por su alta _____, la carne argentina se ha hecho famosa en todo el mundo.
3. El mensaje del presidente será _____ en todos los canales de televisión.
4. Para enterarte del pronóstico del tiempo, puedes ver el _____ a las once y cuarto.

C. Complete las frases que siguen, escogiendo las palabras que mejor correspondan al sentido, modificándolas gramaticalmente siempre que sea necesario. No use ninguna palabra más de una vez.

divertir	contar con	pasarlo bien
mudar de	anciano	entretener
imagen	sostener	antiguo
cambiar	disponer de	mover

1. La mansión era propiedad de un _____ y tenía muebles muy _____.

2. Las películas de terror no me _____ pero me _____ bastante.

3. _____ una considerable fortuna pero no podré _____ ella hasta mi mayoría de edad.

4. Las serpientes _____ piel cuando _____ la estación del año.

Preguntas textuales

1. ¿A qué se refiere el texto al hablar de la contaminación auditiva en la televisión? ¿Cómo puede evitarse?

2. Nombre Ud. varias de las fuentes de ingresos de la televisión pública en los Estados Unidos?

3. ¿Por qué pueden ser peligrosos para los niños algunos programas de televisión?

Tareas complementarias

A. Un grupo de alumnos propondrá la creación de un canal televisivo en los Estados Unidos conducido por el gobierno o una entidad gubernamental. Argumentará sobre los beneficios de ese tipo de canal en cuanto a información, creación de un espíritu y de una ética nacional, calidad de los programas culturales que se difundan. (Modelo, la BBC de Londres). Otro grupo se opondrá a ese propósito por ser contrario a la libertad de expresión, por ser posible instrumento de política partidaria y de totalitarismo. (Dar ejemplos de lo que pasa en otros países con ese sistema.)

B. En los útimos años se ha hablado mucho de la discriminación racial y aun religiosa en la televisión. Discútase si la televisión refleja fielmente o no la variedad étnica, religiosa y sexual de los Estados Unidos y si contribuye o no a la creación de una sociedad diversificada y tolerante.

C. Dividir la clase en grupos que hablen de las consecuencias de la difusión de programas televisivos norteamericanos en los países hispánicos. Pueden adoptarse diversas perspectivas: los alumnos argumentarán como sociólogos, economistas, médicos, lingüistas, antropólogos, psicólogos y educadores, sobre las ventajas y desventajas de ese imperialismo cultural.

D. Debate sobre el sexo y la violencia en la televisión, extendido hacia aspectos del odio racial, sexual y religioso en la sociedad actual. Se dividirá la clase en dos grupos: uno defenderá ese tipo de programas por ser el reflejo de lo que ocurre en la vida real. Otro basará su crítica negativa en la idea de que la televisión exagera y da énfasis a unos aspectos de la vida y oculta otros más positivos. Se hablará de la consecuencia de todo ello y se opinará si la televisión contribuye o no a crear odio, mayor violencia y promiscuidad sexual. Dar ejemplos de programas existentes.

II Consideraciones sobre la amistad

I. Prelectura

Ejercicios para despertar ideas en la clase anterior a la lectura.

Palabras útiles

acompañar	to accompany
aconsejar	to advise
compañero(a)	companion
compartir	to share
consejo	advice
consolar	to console
feliz	happy
necesitar	to need
sentir + noun	to feel
sentirse + adjective	to feel
solo	alone, lonely
triste	sad

Preguntas preliminares

1. En momentos difíciles, todos necesitamos el apoyo y los consejos de otras personas. ¿En quién o quiénes confía usted en tales momentos y por qué? (**Sugerencias:** padres, personas mayores, amigos; mayor o menor comprensión de nuestros sentimientos, madurez, experiencia, sabiduría para aconsejar, etc.)

2. Indique brevemente si compartiría sus secretos más íntimos con una amiga o amigo del sexo contrario o del mismo sexo. ¿Por qué?

II. Lectura

La amistad ha sido desde la antigüedad una preocupación° de los filósofos y constituye, además, un **tema**[1] importante para muchos ensayistas, novelistas y poetas. Antes de examinar algunos juicios sobre la amistad, conviene intentar definir esta palabra y distinguir entre algunas de sus acepciones° más comunes. *concern*

meanings

La amistad es uno de los **afectos**[2] o sentimientos personales que nos unen a otros seres humanos. En su mejor y más estricto sentido, ese afecto es **íntimo**[3], puro y desinteresado°. Es decir, la amistad no se basa en el **interés**[4], en la idea de sacar ventaja o provecho° de nuestra relación con otra persona. Es obvio, sin embargo, que el tener buenas amistades° nos proporciona° beneficios espirituales, psíquicos y a veces aun materiales, pero éstos deben ser consecuencia y no causa de la amistad. Aunque no lleguen al nivel del ideal puro, la mayoría de las amistades son valiosas porque nos enriquecen la vida. *unselfish* / *benefit* / *good friends,* / *provides*

Un amigo es la persona a quien estamos unidos en una relación de mutua benevolencia. Es costumbre, sin embargo, no aplicar la palabra **amigo** a parientes, a esposos o a amantes, personas todas con quienes nos unen relaciones especiales. Hay quienes afirman que podemos ser amigos de nuestros padres, parientes, esposos y amantes. Pero la mayoría de las personas no lo creen así. Como lo demuestran varias encuestas° hechas por psicólogos, esas personas distinguen claramente entre la amistad y cualquier otra relación afectuosa que implica lazos impuestos por la sociedad (familia, **matrimonio**[5]) o basados en el amor sexual (matrimonio, amantes). Por eso, al hablar aquí de la amistad, nos referimos exclusivamente a ese complejo de sentimientos más allá de° las instituciones sociales y del amor sexual y que nos une a personas que no son **familiares**[6] nuestros. En fin, la amistad constituye una relación afectuosa, voluntaria, abierta, sujeta a cambios y libre de trabas° sociales. *opinion polls* / *beyond* / *bonds, obstacles*

Sin embargo, la palabra **amigo** se emplea muchas veces en un sentido más amplio y general. Con ella indicamos a todas aquellas personas que conocemos y saludamos por sus nombres, pero con las cuales no nos liga° ninguna confianza°. Para mayor precisión, podemos referirnos a esta clase de amigos como conocidos. También se usa **amigo** como adjetivo para referirnos a personas, grupos y países que no nos son hostiles o que nos apoyan o colaboran con nosotros contra un enemigo común. *joins, ties* / *trust, familiarity*

Desde luego, la palabra es imprecisa porque no se puede medir objetivamente el afecto que sentimos por nuestros diferentes amigos.

Toda amistad, como cualquier otra relación humana y viva, fluctúa constantemente, dependiendo del nivel de contacto íntimo y del grado de su intensidad.

El filósofo griego Aristóteles (383–322 A.C.) afirma que la felicidad es una meta° principal de la vida y que la amistad es un auxilio noble para la consecución° de esa meta. Dice también Aristóteles que «el que tiene muchos amigos no tiene ninguno», lo cual demuestra que tiende a concebir idealmente esta relación afectiva.

goal
attainment

Muchas otras ideas de Aristóteles aparecen luego reflejadas en escritores importantes: uno no puede ser amigo de quien ocupa un estado social más alto, ya que la amistad debe sostenerse en la igualdad, no en la desigualdad; la amistad se da° sólo entre personas buenas, no entre malvados°; los hombres malos no son verdaderamente amigos, ya que se unen no por afecto, sino por otras razones; nunca puede existir entre ellos la confianza y franqueza imprescindibles° para la amistad. Agrega Aristóteles que los amigos nos consuelan en momentos de **desgracia**[7], pero son aún más necesarios en tiempos de felicidad. Los seres humanos necesitamos amigos con quienes compartir nuestra felicidad, una de las pocas cosas que se incrementan° cuando se comparten°. Aristóteles también insiste en que la amistad requiere, para desarrollarse bien, no intensidad esporádica, sino mucha continuidad, estabilidad y tranquilidad, lo cual implica a su vez un carácter estable por parte de los amigos. Es obvio que Aristóteles veía la amistad en su forma perfecta, como lo demuestra esta aseveración suya: «Un amigo es un alma en dos cuerpos».

occurs, is found
evil people

indispensable

increase
are shared

Entre los autores romanos o latinos más conocidos que **trataron**[8] el tema de la amistad hay que citar a Cicerón (106–43 A.C.) y a Séneca (5 A.C.–65 D.C). Cicerón, gran orador y patriota de la República Romana, escribió *De amicitia*°, un tratado° en forma de diálogo sobre la amistad. La obra tuvo gran influencia sobre Dante e importantes autores renacentistas como Montaigne y Donne. Al hablar de su amigo muerto Escipión, el dolor que Cicerón siente por su ausencia se atenúa° con el recuerdo de su amistad. «Mi vida ha sido feliz porque la pasé con Escipión, con quien compartí mis penas públicas y privadas, porque he vivido bajo el mismo techo que él y he servido en las mismas campañas en el extranjero.» Es decir, para él las experiencias compartidas son el crisol° de la amistad.

On Friendship,
treatise

is attenuated,
lessened by

crucible

Cicerón sigue en general las ideas de Aristóteles, pero las humaniza con experiencias personales. Otras veces las matiza° como, por ejemplo, al afirmar que la amistad supera otras relaciones como el **parentesco**[9] y el matrimonio. Según Cicerón, la amistad requiere constancia y buena voluntad. Si se prescinde de° la buena voluntad en las otras relaciones, éstas siguen manteniendo idénticos nombres. Pero en la amistad la buena voluntad es esencial, y si ésta se pierde, desaparece la relación y desaparece el nombre también.

he varies or mod-
ifies

one disregards,
dispenses with

De Séneca, filósofo y dramaturgo romano, mencionaremos sólo una carta en la que le contesta a su amigo Lucilio, dándole consejos sobre la amistad. Lo notable de la carta es la acepción estrechísima que da al concepto de amigo: «Si piensas que un hombre del que no **te fías**[10] tan completamente como de ti mismo pueda ser tu amigo, no comprendes el sentido de la verdadera amistad».

Séneca recomienda a Lucilio que reflexione mucho antes de aceptar a alquien como amigo, pero que una vez aceptado, no tema revelarle todo lo suyo, por secreto que sea: «¿Por qué he de vigilar° mis palabras ante un amigo? ¿Por qué no debo considerarme como si estuviese solo cuando estoy en su presencia?». *to watch, be careful with*

Lo mismo que para Cicerón y para Séneca, la amistad tenía un valor primordial° para Michel de Montaigne (1533–1592), moralista francés y creador del ensayo moderno. Montaigne se sintió profundamente afectado por la muerte de su amigo Etienne de la Boétie, a quien recuerda en un famoso ensayo° sobre la amistad. Montaigne recoge allí ideas de Cicerón, pero es el tono personal íntimo lo que más distingue sus palabras. «Esta amistad de que hablo es indivisible: cada uno se entrega tan por entero a su amigo que no queda nada para dar a otros... Las amistades comunes por el contrario pueden dividirse; uno puede querer la belleza en un amigo, el buen humor en otro, la generosidad en éste, el afecto fraternal en aquél... pero esta amistad que se apodera° del alma y la rige° con total soberanía, no puede ser doble.» *fundamental, basic* *essay* *seizes, takes possesion of, rules, controls*

Para acabar nuestra consideración sobre Montaigne, conviene citar la frase más célebre del ensayo. Afirma Montaigne que si se le obligara a precisar° por qué **quería**[11] tanto a la Boétie, sólo podría contestar: «*Parce que c'était lui, parce que c'était moi*»°. Con estas palabras reconoce Montaigne que en última instancia la causa del afecto que sentimos por algún amigo es algo inefable°, un misterio, un enigma basado en los valores de cada individuo y su consecuencia, la integración de dos personalidades distintas. *to state precisely* *because it was he, because it was I.* *ineffable, indescribable*

Podríamos citar a otros autores tan dispares° como San Agustín, Cervantes, Shakespeare, Rousseau, Dickens y a muchos más que dicen algo interesante sobre la amistad directamente o por boca de sus personajes. Pero conviene ahora examinar este tema desde una perspectiva no literaria, sino científica. *disparate, different*

Según un artículo de John Nicholson en la revista *New Society*, ciertos estudiosos de la conducta humana afirman que el deseo de hacer amigos se remonta a° una urgencia ancestral de afiliarnos con otros en busca de protección común. Pero Nicholson prefiere otra interpretación que se basa en el deseo humano de explorar lo que está a nuestro alrededor°. Según él, los amigos satisfacen nuestra curiosidad, estimulándonos y proporcionándonos° un equilibrio entre lo que esperamos y no esperamos de ellos. Piensa Nicholson que la amistad *goes back (in time) to* *around us* *providing us with*

ejerce además otra función importante. Los amigos reflejan la imagen que tenemos de nosotros mismos y nos confirman así el valor de nuestras creencias y actitudes. Otras investigaciones indican que nos proyectamos tanto en nuestros amigos que solemos creerlos más parecidos a nosotros de lo que objetivamente son. El análisis de la **semejanza**[12] de actitudes hacia la política, la religión, la ética y las preferencias culturales y deportivas ha permitido a otros estudiosos predecir en ciertos grupos de estudiantes cuáles serían amigos y cuáles no. Estas predicciones han resultado bastante acertadas° aunque   *accurate* no siempre con precisión matemática, porque cada personalidad es compleja y tiene muchas facetas diferentes. Por eso cada uno de nosotros necesita un grupo dispar de amigos que complementen diversos aspectos de nuestra personalidad. Si no fuera así, ¿cómo se podría explicar que podamos tener dos amigos íntimos y queridos que no tienen nada en común y que a veces se odian entre ellos?

Los filósofos y escritores citados hasta ahora se refieren a la amistad exclusivamente en términos masculinos, como si esta relación de afecto personal no existiera también entre mujeres. Responden, sin quererlo, a un prejuicio bastante común cuando se trata de ese tema. Como lo explica el psicólogo Joel D. Block en su libro *Friendship* (Nueva York, 1981), uno de los mitos o tópicos que ha prevalecido en la cultura occidental hasta años recientes es que las mujeres, por temperamento y carácter, son incapaces de **experimentar**[13] un sentimiento tan elevado como el de la verdadera amistad. La imagen estereotipada de la mujer la presentaba muchas veces como poco fiel°   *unfaithful* y **celosa**[14] de otras mujeres. Por eso, la literatura, escrita casi siempre por hombres, está repleta de ejemplos de rivalidades femeninas debidas a los celos y al supuesto temperamento volátil° de la mujer, y ex-   *volatile, change-able* cluye la descripción de grandes amistades femeninas auténticas. Sin embargo, hay algunos ejemplos en la literatura femenina de finas relaciones amistosas entre mujeres. Esto ocurre sobre todo en el siglo XX, cuando la mujer adquiere más libertad no sólo para escribir en general, sino también para contar desde la perspectiva de su sexo sus propias experiencias humanas.

Hoy en día ciertos estudios demuestran que las mujeres entablan°   *form, establish* amistad profunda con otras mujeres, pero de un carácter diferente a la amistad entre los hombres. Joel D. Block indica en el ya citado libro que en general las comunicaciones amistosas entre mujeres casadas, por ejemplo, son mucho más abiertas, sinceras y reveladoras°   *revealing* que las existentes entre hombres casados. Afirma que los hombres en la sociedad norteamericana, debido a la envidia profesional y al sentido de competencia°, tienden a confiar mucho menos en sus amigos   *competition* que las mujeres en sus amigas. Según Block, el miedo de aparecer débil o poco varonil° es otro factor que impide que el hombre nortea-   *unmanly* mericano típico se entregue fácilmente a las relaciones amistosas.

Quizá sea más difícil hoy, dada la complejidad de nuestro mundo moderno, entablar y mantener relaciones amistosas auténticas. Si es así, el ser humano se ha empobrecido espiritualmente, porque tanto hombres como mujeres, necesitan beneficiarse plenamente con esa afectuosa y rica unión espiritual que Cicerón y Montaigne señalaban como uno de los ideales y fines de la existencia humana.

*E*xpansión de vocabulario

I

el tema	subject, topic, theme
el asunto	subject, subject matter
el sujeto	individual; subject
el tópico	commonplace, trite remark, platitude; topic

English *subject, topic,* in the sense of *thing* or *person discussed or written about,* is most often **tema** in Spanish. **Asunto** also translates *subject* in this sense, but sometimes indicates more *the detailed subject matter* than the single idea, theme, or topic that informs it. One should avoid the natural temptation to translate *subject* or *topic* in the thematic sense as **sujeto** or **tópico. Sujeto** means *individual, person* in the sense of an unnamed person towards whom one does not feel friendly. It means *subject* only in the sense of *grammatical subject or person under another's rule.* In Spain and some parts of Spanish America, **tópico** doesn't mean *topic* or *subject,* but *commonplace,* a much overused and imprecise idea. In other parts of Spanish America, however, **tópico** may be used to mean *topic,* although **tema** is the better word in this context.

El **tema** de la primera conferencia me interesa mucho.

The subject (topic) of the first lecture interests me very much.

Yo podría decir mucho más sobre este **tema.**

I could say a lot more about this subject (topic).

El **asunto** del segundo capítulo es más complicado.

The subject matter of the second chapter is more complicated.

Por sus palabras él me parecía un **sujeto** poco agradable.	*From his words he seemed to me like an unpleasant individual.*
¿Tú conoces a ese **sujeto?**	*Do you know that guy?*
En la frase «Pepa dice la verdad», Pepa es el **sujeto.**	*In the sentence "Pepa is telling the truth," Pepa is the subject.*
La conferencia de Pedro estaba llena de **tópicos.**	*Peter's lecture was full of platitudes.*
Es un **tópico** decir que todos los norteamericanos mascan chicle.	*It is a commonplace (a platitude) to say that all Americans chew gum.*

2 ▪▫▪▫▪▫▪▫▪▫▪▫▪

el afecto	tender feeling, affection, regard, fondness
afectuoso, afectivo	affectionate
el cariño	affection, love
cariñoso	affectionate, loving

Afecto (not **afección**) renders English *affection.* As do its English equivalents, **afecto** indicates feelings ranging from moderate regard for someone to great tenderness or love. In Spanish, for example, **amor** can be defined as «un **afecto** muy fuerte». **Afecto** and its corresponding adjectives **afectuoso** and **afectivo** tend to be used with more frequency than their English equivalents. Although **cariño** (adj. **cariñoso**) is a synonym of **afecto** (adj. **afectuoso**), it is used most in situations involving family and close friends.

Lolita siente gran **afecto** por su maestra de piano.	*Lolita feels great affection for her piano teacher.*
Mi abuela es muy **cariñosa** con todos los nietos.	*My grandmother is very affectionate with all her grandchildren.*

3

íntimo　　　　　　close, intimate, private

la intimidad　　　　closeness, intimacy, privacy

Intimo is used to indicate an especially close and trusting relationship. The word carries no necessary sexual connotation and is less suggestive in this regard than its English cognate *intimate.* Notice that **intimidad,** in addition to *intimacy,* also renders English *privacy,* but stresses more the idea of having a place to be alone and undisturbed than the negative concept of keeping others out, which is usually rendered with words such as **privado.** With regard to friends, one may also use the expression **muy amigos** to indicate a lesser degree of closeness than **íntimo.**

Julia es la amiga más **íntima** de Clara.	*Julia is Clara's closest friend.*
Roberto y yo somos **muy amigos.**	*Roberto and I are very good friends.*
El muchacho se encerró en la **intimidad** de su cuarto.	*The boy shut himself up in the privacy of his room.*

4

el interés　　　　　self-interest, interest

el desinterés　　　　disinterest, lack of interest

interesado　　　　　interested; affected, concerned

interesar　　　　　　to interest; to affect

Interés has a very common meaning not shared by its English cognate *interest.* It refers to *strong self-interest, self-seeking,* or *selfishness,* such as for financial gain or personal advancement; in this context the word always has unfavorable connotations in Spanish. Context, of course, serves also to indicate whether **interés** and **estar interesado** are being used with this particular meaning or not. The verb **interesar** and adjective **interesado** are also used to indicate *the person(s)* or *thing(s) affected* or *concerned* in some matter, as illustrated by the last example below.

Él no lo hace por caridad sino por **interés.**

He's not doing it out of charity but out of self-interest.

No te fies de él; es un hombre **interesado.**

Don't trust him; he's a man who does things for his own advantage.

Me molesta su **desinterés** por algo que considero importante.

Her disinterest in something I consider important bothers me.

Leyó el anuncio en voz alta y luego pidió que levantaran la mano los **interesados.**

She read the announcement aloud and then asked those affected (interested) to raise their hand.

5

el matrimonio	marriage, matrimony; (married) couple
la pareja	couple
el par	pair, couple

Matrimonio signifies both *marriage* and the institution of *matrimony.* The Spanish language indicates a couple's marital status by using different words, and **matrimonio** also means *married couple* as distinct from **pareja,** an *unmarried couple* or *one whose marital status is unknown, irrelevant,* or *not indicated.* **Un par de** means *a couple* of persons, animals, or things. But unlike the English equivalent, which may indicate more than two, *un par de* almost always means precisely *two.*

Antes, Pedro no creía en el **matrimonio,** pero ahora sí.

Before, Pedro didn't believe in marriage, but now he does.

Ellos son un **matrimonio** muy feliz.

They are a very happy (married) couple.

Qué bien baila esa **pareja.**

How well that couple dances.

Para hacer esta tortilla necesito un **par** de huevos más.

To make this omelet I need a couple (two) more eggs.

6

el familiar	family member, relative
familiar (adj.)	family (adj.); familiar, common
conocer	to be familiar with
conocido	familiar, acquaintance

The noun **familiar** is a synonym of **pariente,** *relative,* but is used mostly for members of one's immediate family or relatives with whom one has a close relationship. **Familiar** is also an adjective meaning *family,* as in **lazos familiares,** *family ties.* **Familiar** is sometimes also used as is English *familiar,* to indicate *that which has become well-known to us.* In this sense it is a synonym of the much more common **conocido.** The noun **conocido** renders English *acquaintance.* To translate the expression *to be familiar with,* **conocer** is the most appropriate verb.

El dueño de la farmacia es un **familiar** de mi esposa.	*The owner of the pharmacy is my wife's relative.*
¿Él es un **familiar** de Carlos?	*Is he a member of Carlos's family?*
Conozco bien esa revista.	*I'm very familiar with that magazine.*
Los nuevos vecinos son **conocidos** de Andrea.	*The new neighbors are acquaintances of Andrea.*

7

la desgracia	misfortune, bad luck
por desgracia, desgraciadamente	unfortunately
la vergüenza	disgrace, shame
la deshonra	disgrace, dishonor
avergonzar, deshonrar	to disgrace

Desgracia is a false cognate, for it means *misfortune* rather than *disgrace* in English. The idea of *disgrace,* or *loss of good name* or *respect,* is conveyed by Spanish **vergüenza** (literally *shame*) and less frequently by **deshonra.**

Las **desgracias** ajenas siempre son más fáciles de soportar.	*Other people's misfortunes are always easier to endure.*
Por **desgracia,** no podré ir a la fiesta.	*Unfortunately, I'll not be able to go to the party.*
La conducta de Rafael **deshonró** a toda la familia.	*Raphael's conduct disgraced the entire family.*

8

tratar	to treat
tratar de (sobre)	to be about, to deal with
tratarse de	to be about, to be a question of
tratar de + infinitivo	to try + infinitive
procurar + infinitivo	to try/endeavor + infinitive
intentar + infinitivo	to try/attempt + infinitive

Tratar followed by a noun means *to treat* or *to address a particular subject* by expounding on it in speech or writing. However, **tratar** is used this way with only a few simple nouns such as **tema, materia,** and **asunto.** Much more often, the preposition **sobre** or **de** precedes the noun or noun phrase that follows **tratar. Tratar de,** in the third person, means *to be about* or *to deal with.* The impersonal expression **tratarse de,** also used in the third person singular only, is often confused by English-speaking students with **tratar de** without **se. Tratarse de** is never used with a specific subject and means simply *to be a question of* or *to be about.* **Tratar de** + infinitive means *to try* + infinitive. A very common synonym of **tratar de** is **procurar,** also followed by the infinitive; it stresses slightly more than **tratar** the special effort made to do something. **Intentar** + infinitive is another synonym for **tratar de** + infinitive, and as one of its English translation equivalents, *to attempt,* suggests, it indicates that the task implies certain difficulties as to its accomplishment.

Mañana **trataré** ese tema con más detalle.	*Tomorrow, I'll treat that subject in more detail.*
En su clase, Miguel **trató sobre (de)** la Guerra Civil norteamericana.	*In his class, Miguel treated (expounded on, discussed) the American Civil War.*
La película **trata del** divorcio.	*The film deals with (is about) divorce.*
Se **trata del** patriotismo del presidente, no de su inteligencia.	*It's a question (matter) of the president's patriotism, not his intelligence.*
Trate Ud. **de ser** puntual.	*Try to be on time.*
Procura hacerlo esta tarde, si es posible.	*Try to do it this afternoon, if possible.*
Intenté abrir la puerta, pero no pude.	*I tried (attempted) to open the door but couldn't.*

9

el parentesco	relation, relationship
emparentado	related
la relación	relation, relationship
relacionado	related

Parentesco rather than **relación** renders English *relation* when the context is a relation by blood or through marriage. **Emparentado** likewise replaces **relacionado** in such contexts.

¿Cuál es tu **parentesco** con Jorge?	*What is your relationship to Jorge? (How are you related to Jorge?)*
Él está **emparentado** con el gobernador.	*He is related to the governor.*
Eso está **relacionado** con lo que dije antes.	*That's related to what I said before.*

IO

fiarse de   to trust

confiar (en)   to confide in, to trust; to tell in
                       confidence

la confianza   trust, confidence

Notice that **fiar** is always used reflexively and with **de** when it means *to trust*. **Confiar** is never used reflexively and is followed by **en**.

No **me fío de** ti, Ángel.	*I don't trust you, Angel.*
Yo siempre **he confiado en** ellos.	*I have always confided (trusted) in them.*
Nunca **confíes** tus secretos a un chismoso.	*Never confide (trust) your secrets to a gossiper.*
El criado es una persona de **confianza.**	*The servant is a trustworthy person.*
El atleta ha perdido la **confianza** en sí mismo.	*The athlete has lost his self-confidence.*

II

querer   to love; to want

amar   to love

enamorarse de   to fall in love with

estar enamorado de to be in love with

Spanish has two verbs, **querer** and **amar,** to render what English normally renders with one, *to love.* **Amar,** however, is used less frequently than **querer** and is little used in contexts where sexual love is implied. **Amar** is preferred in more abstract and sometimes impersonal contexts. It can be used to emphasize the purity, selflessness, and at times almost worshipful nature of the feeling.

Querer, the primary meaning of which is *to want* or *to desire,* also means *to love.* **Querer** is used in almost all of the other meanings of *to love.* Unlike English-speaking cultures, where there exists considerable reluctance to refer to the strong, nonsexual affection that persons of the same sex often feel for each other as *love,* Spanish-speaking cultures generally express little inhibition in this regard. As a consequence, **querer** is very frequently used to indicate such a feeling, although the translation of the verb *to love* may seem unusual in English. Also, *to love* in the sense of *to enjoy* or *to take pleasure in some activity* or *thing* is usually rendered with an indirect object construction in Spanish, along with a verb such as **gustar, apasionar,** or **encantar** in the third person, as illustrated by several of the examples below.

Finally, **enamorarse de,** *to fall in love with,* is very often assigned the incorrect preposition **con,** because of interference from English *with.* It may help to recall that the synonymous expression of **estar enamorado de** can also be translated as "to be enamored of" in English.

Él no sabe si **ama** más a Dios o a la patria.	*He doesn't know if he loves God or his country more.*
Toda madre **ama** a sus hijos.	*Every mother loves her children.*
Mi madre me **quiere** mucho.	*My mother loves me very much.*
Carlos **quiere** mucho a Juan.	*Carlos loves Juan (as a friend) very much.*
El jazz me **apasiona (encanta).**	*I love jazz.*
Me **gustan** mucho los batidos de chocolate.	*I love chocolate milk shakes.*
¿**De** quién estará **enamorado** mi ex novio?	*Who could my ex-boyfriend be in love with?*

I2

la semejanza	similarity, resemblance
el parecido	similarity, resemblance, likeness
asemejarse a	to be like, to resemble
parecerse a	to be like, to look like, to resemble

The nouns **semejanza** and **parecido** are both widely used in spoken and written Spanish. **Semejanza** may indicate a somewhat closer degree of identity or likeness between what is being compared than **parecido.** But for all intents and purposes, these synonyms can be used interchangeably. Of the corresponding verbs, however, only **parecerse a** is common in everyday spoken Spanish. **Asemejarse a,** which has the same meaning, is, however, a common synonym of **parecerse a** in most varieties of written Spanish.

La **semejanza** (el **parecido**) de él con su abuelo es sorprendente.

The similarity (resemblance, likeness) with his grandfather is surprising.

¿**A** quién **te pareces**? ¿A tu madre o a tu padre?

Whom do you look like (resemble)? Your mother or your father?

Por su uniforme, **se asemejaba** bastante a un soldado de hace veinte años.

Because of his uniform, he looked like (resembled) a soldier of twenty years ago.

I3

experimentar   to experience; to experiment

Although **experimentar** can mean *to experiment,* its far more common meaning is *to experience, to take part in* or *to participate in some activity, event,* etc.

El enfermo no **ha experimentado** ninguna mejoría.

The patient hasn't experienced any improvement.

El turista **experimentó** una alegría muy fuerte al recibir la carta.

The tourist experienced great joy when he received the letter.

En el laboratorio **están experimentando** con ratones para encontrar una cura a la leucemia.

In the laboratory they are experimenting with mice to find a cure for leukemia.

I4

celoso   jealous
celo   zeal, fervor
envidioso   envious
tener celos   to be jealous
envidiar   to envy

In the singular, **celo** translates English *zeal* or *fervor,* but its plural, **celos,** renders *jealousy,* the feeling of resentfulness or envy of a rival or another person, often for sentimental reasons. Either **estar (ser)**

celoso or **tener celos** may render *to be jealous*. As with English *jealous*, one is jealous of persons, not things. Spanish **envidioso** and **envidia,** like their English counterparts, express suffering or discontent because someone else has something we want and can't have. Thus, one can be *envious* of things as well as persons.

El niño estaba **celoso** de su hermanita.	*The boy was jealous of his little sister.*
Pedro tenía **envidia (era envidioso)** de la gran riqueza de su rival.	*Peter was envious of his rival's great wealth.*

Ejercicios

Comprensión de la lectura

De las cuatro respuestas que se indican para cada pregunta, seleccione Ud. la correcta, de acuerdo con el ensayo. También indique brevemente por qué las otras opciones son incorrectas.

1. La amistad es una relación que _____.
    a. siempre excluye todo beneficio material
    b. incluye a nuestros padres y parientes
    c. depende del afecto y de la confianza
    d. se mantiene estable a través del tiempo

2. Aristóteles creía que _____.
    a. un rico y un pobre pueden ser amigos
    b. los amigos son necesarios cuando nos sentimos felices
    c. la amistad entre los malos no suele durar mucho
    d. los amigos nos ayudan más en momentos de desgracia

3. Michel de Montaigne _____.
    a. creía que cada amigo debía personificar una cualidad distinta
    b. comprendía el motivo por el que quería a La Boétie
    c. creía que la verdadera amistad no se puede compartir entre varias personas
    d. aceptaba la muerte de su amigo como algo perfectamente natural

4. Según Nicholson, los seres humanos modernos se hacen amigos de otros _____.
   a. porque éstos les ofrecen una gran protección
   b. debido a su evolución biológica y social
   c. por satisfacer su propio egoísmo
   d. porque buscan diversificar la personalidad

La palabra adecuada

A. Para cada frase que sigue, elija Ud. la palabra o expresión que complete mejor el sentido.

1. Después de su derrota, el famoso político se refugió en el (la) _____ de su pequeño pueblo natal.
   a. afecto
   b. intimidad
   c. confianza

2. Elisa ha comprado muchos discos de Bruce Springsteen; _____ su música.
   a. ama
   b. quiere
   c. le entusiasma

3. El profesor va a tratar ese novedoso _____ en clase.
   a. tópico
   b. asunto
   c. parentesco

4. A juzgar por su foto, Carlos se _____ George Washington.
   a. asemeja a
   b. fía de
   c. enamora de

B. De acuerdo con las notas de **Expansión de vocabulario** utilice la palabra o expresión que complete mejor el sentido de cada frase. En algunos casos puede haber más de una palabra apropiada.

1. El pobre niño tiene la _____ de ser ciego.

2. El _____ la libertad más que la propia vida.

3. Lo que José _____ secretamente era la buena suerte de David.

4. _____ un gran alivio al saber que su hermana no había muerto en el accidente.

C. Complete las frases que siguen, escogiendo las palabras que mejor correspondan al sentido, modificándolas gramaticalmente siempre que sea necesario. No use ninguna palabra más de una vez.

enamorarse de	afecto	asemejarse	par de
tratar de	familiar	pareja	cariño
tópico	conocido	sujeto	desgracia
interesar	matrimonio	íntimo	intentar

1. Es la tercera vez que ese _____ ha _____ venderme un reloj que no funciona.

2. Cuando _____ Enriqueta no pensaba yo en el _____.

3. Gustavo piensa erróneamente que es mi amigo _____ pero no nos une ningún gran _____.

4. Si quieres ser un buen orador debes _____ no repetir _____ comunes.

Preguntas textuales

1. ¿Por qué, según muchas opiniones, no se debe aplicar la palabra **amigo** o **amiga** a personas con quienes estamos emparentados?

2. ¿Cómo es posible que una persona tenga dos amigos que no se quieren nada?

3. Según el psicólogo Joel D. Block, ¿en qué aspectos suele ser superior la amistad entre mujeres casadas que entre hombres casados?

Tareas complementarias

A. Varones y mujeres de la clase se organizarán para discutir desde la perspectiva de su sexo hasta qué punto es posible una amistad profunda entre hombres y mujeres sin que interfiera la atracción sexual, la crítica familiar, las convenciones sociales y religiosas. Los que crean que sí pueden aducir que hay más respeto y tolerancia por los errores entre las personas de sexo distinto; que la mujer se siente más segura cuando confía en un hombre que cuando lo hace con otras mujeres y viceversa. Los que se opongan a esa posibilidad observarán entre otras cosas que las diferencias de sexo implican diferencias más profundas; que ni el hombre ni la mujer confiarían a seres de otro sexo sus secretos más íntimos, etc.

B. Que cada alumno procure clasificar a sus amigos en tres categorías: a) íntimos, con los que no se tienen secretos; b) buenos, pero de menos confianza; y c) conocidos, aquellos que saludamos por su nombre en el trabajo, la clase, el barrio, etc. Al hablar de cada uno de ellos, el estudiante deberá describirlo física y moralmente y proporcionará detalles sobre la historia y las características de esa relación.

C. Discutir en grupos si la circunstancia de ser un amigo o una amiga íntima justifica el mantenimiento de secretos cuando: a) está en juego la seguridad del país; b) se compromete la felicidad de una familia; c) se pone en riesgo la vida del amigo. Aducir las razones morales que justifican o no el silencio. Deben darse ejemplos de casos concretos, reales o imaginarios.

D. En la descripción de su mejor amigo o amiga, los estudiantes proporcionarán una semblanza de esa persona teniendo en cuenta sus características físicas, intelectuales, espirituales y morales. Indicarán los intereses y gustos que tienen en común y los que no comparten. Sobre todo, procurarán explicar las razones profundas de esa amistad, indicando cómo llegaron a ser amigos, por cuánto tiempo lo han sido y qué altibajos ha sufrido esa relación.

12 La búsqueda de la felicidad

I. Prelectura

Ejercicios para despertar ideas en la clase anterior a la lectura.

Palabras útiles

afecto	affection
amor	love
apoyo	support
bienes materiales	material possessions, goods
consumir	to consume
contento	content, happy
estar enamorado	to be in love
feliz	happy
materialismo	materialism
satisfecho	satisfied
sentir	to feel

$\mathcal{P}$reguntas preliminares

1. Los estudiantes sienten en general una mayor felicidad o contento cuando se acercan las Navidades y otras fiestas religiosas. Diga si esto es verdad o no, e indique por qué.
   (**Sugerencias:** retorno al hogar; ritos en iglesias o sinagogas; fiestas más comerciales que espirituales; días en que se da y se recibe; mayor contraste entre ricos y pobres; más regalos;

oportunidad de ayudar a los demás; alegría en músicas y canciones; decoraciones y luces.)

2. Considere si es usted ahora más feliz que lo que era en su infancia, cuando comenzó a ir a la escuela. Explique las razones a favor o en contra. (**Sugerencias:** número de preocupaciones; tensiones o estrés; cercanía y apoyo de los padres; mayor o menor libertad; relaciones sociales más o menos complicadas; relaciones afectivas más o menos profundas.)

II. Lectura

El sustantivo° **felicidad** y el adjetivo **feliz**[1] son en gran parte una abstracción y pocas personas definen del mismo modo el concepto que representan. Sin embargo, la felicidad es algo que todos buscamos, cada uno a nuestra manera. La frecuencia con que esta palabra aparece en la conversación diaria, en libros y en películas es un índice° de su importancia. Efectivamente, la mayoría de la gente cree que la felicidad es una de las **metas**[2] más importantes, si no la suprema, del ser humano. Por eso conviene considerar en qué consiste ese estado ideal del espíritu llamado felicidad y cuya posesión da sentido° y **plenitud**[3] a nuestra vida. Conviene considerar también, no a nivel teórico-filosófico, sino a nivel más práctico, por qué algunas personas son felices y otras no.

Un punto de partida° puede ser el diccionario, cuya definición del término, aunque imprecisa, es útil. Se define allí la felicidad como «estado de ánimo° que se complace en la posesión de un bien». La segunda acepción que se registra es la de **satisfacción** o **contento**. Estas definiciones, si las pensamos un poco, nos ayudarán a comprender la relatividad de la felicidad. Nos ayudarán a comprender también cómo ciertas cosas nos producen este estado subjetivo de complacencia o satisfacción que todos, consciente o inconscientemente, anhelamos°. En general, podemos hacer las siguientes afirmaciones sobre la felicidad:

(1) Existen diferentes grados° de felicidad aunque éstos no pueden medirse° con precisión. Sabemos, por ejemplo, que algunas personas son más felices que otras y que nosotros mismos hemos sido más felices en ciertas épocas de la vida que en otras. La felicidad puede por eso tener un sentido temporal limitado y cambiar a otro grado de felicidad o de infelicidad.

(2) En un nivel más profundo y permanente de la experiencia humana, podemos considerar como persona feliz a la que está contenta con su vida en conjunto°. Sin embargo, esto no implica la satisfacción de todos los deseos, sino de aquéllos que la persona considera esenciales.

noun

index

meaning

starting point

mind, spirit

desire, crave

degrees
be measure

as a whole

(3) La valoración de todo aquello que contribuye a la felicidad es subjetiva, ya que varía según la persona y su actitud hacia la vida. Por ejemplo, si para un individuo el trabajo constituye una actividad vital importante, pero no encuentra satisfactorio su empleo, ese individuo no será feliz aunque gane mucho dinero y tenga una vida familiar muy positiva. Otra persona, en cambio, puede estar satisfecha con su trabajo, pero no con su matrimonio. Sin embargo, puede considerarse feliz si para ella el matrimonio no constituye un aspecto esencial de la vida en conjunto.

La felicidad no se puede medir con exactitud aunque todos sabemos intuitivamente si somos felices o no en la totalidad de nuestra vida. Por eso podemos decir que una persona es más feliz que otra en la medida en que° se siente más profundamente satisfecha con aquellos aspectos de la vida que considera importantes.   *to the extent that*

Pero en un sentido más temporal y restringido, usamos **felicidad** y **feliz** para indicar también un **sentimiento**[4] menos duradero, que muchas veces es sólo el resultado de un cambio de circunstancias. Por ejemplo, aunque uno no sea fundamentalmente feliz, puede sentirse feliz o estar feliz porque va de vacaciones, ha comprado un coche nuevo o ha aprobado° un examen. Es decir, puede sentirse feliz momentáneamente porque ha satisfecho uno de estos deseos menores y no los deseos verdaderamente importantes.   *has passed*

Si preguntamos a cualquier hombre o mujer qué le falta para ser feliz, lo más probable es que nos responda que la **obtención**[5] de tal o cual cosa. En ese caso, la persona identifica o equipara° la felicidad con la posesión o el logro de algo en particular, tal vez el casarse, el ser más **hermosa**[6], el conseguir un trabajo diferente o el poder vivir en un lugar distinto. Es decir, muchas personas no distinguen claramente entre las cosas que producen una felicidad más permanente y las que sólo proporcionan felicidad momentánea.   *compares, equates*

El gran filósofo del pesimismo, Arthur Schopenhauer (1788–1860), afirmó que la imperiosa voluntad humana es lo que mueve e impulsa la vida. Dice Schopenhauer que los deseos del hombre son innumerables y por eso la posibilidad de su cumplimiento° es limitado. Según Schopenhauer, siempre que se **realiza**[7] un deseo, **aparece**[8] en seguida uno nuevo que lo reemplaza. No cabe duda de que acierta° el filósofo al señalar que la pasión satisfecha conduce más a la infelicidad que a la felicidad. Intuía lo que todos sabemos ahora **con respecto a**[9] los deseos: la felicidad consiste más en la **lucha**[10] por conseguir las metas importantes que en el logro efectivo° de esas metas. Para ser felices, necesitamos la lucha entre nuestra voluntad o deseo y los obstáculos que nos ofrecen resistencia. En un reino utópico, donde se realizaran los deseos de todos, no habría total felicidad por la falta de esta lucha. Tampoco sabemos hasta qué punto la felicidad de un pueblo coincide con su bienestar material y político porque conocemos   *fulfillment*

is right, is correct

actual attainment

casos de naciones que se han enriquecido mucho sin ninguna evidencia de que haya aumentado la felicidad o satisfacción en la vida personal de sus ciudadanos.

El filósofo José Ortega y Gasset (188–1955) discute una «teoría de la felicidad» al analizar algunos personajes del novelista español Pío Baroja. Dice Ortega que se suele creer, erróneamente, que la felicidad depende de la satisfacción de nuestros deseos. Pero no es verdad porque la felicidad consiste en un tipo de satisfacción más profunda: «Cuando pedimos a la existencia cuentas claras° de su sentido, no hacemos sino exigirle que nos presente alguna cosa capaz de absorber nuestra actividad». En otras palabras, el vivir fuera de nosotros mismos, el encontrar algo capaz de absorber nuestro potencial humano, es la clave de la felicidad. Cuando estamos «absorbidos» en algo no advertimos «el desequilibrio entre nuestro ser potencial y nuestro ser **actual**»[11]. Acaba Ortega su ensayo diciendo que en los momentos de infelicidad, que son, según él, los momentos de ocio°, «envidiamos a los seres ingenuos cuya conciencia nos parece verterse íntegra° en lo que están haciendo, en el trabajo de su oficio, en el goce de su juego o su pasión. La felicidad es estar fuera de sí— pensamos». Según Ortega, es la vida activa, pues, y no la contemplativa, la fuente de nuestro bienestar profundo.

Para muchas personas, esta actividad externa mencionada por Ortega, puede encontrarse en la profesión, el oficio, la investigación científica, las artes, los deportes, la religión, el servicio a los demás, etc. La **búsqueda**[12] de un sentido filosófico de la vida, es decir, la actitud contemplativa y no activa, puede restringir el goce de esta felicidad. Sin embargo, una profunda felicidad implica a lo menos una cierta comprensión del mundo y del lugar que a cada uno le corresponde en ese mundo.

Aquí no hemos sino bosquejado° algunas ideas filosóficas sobre la felicidad. Los dos pensadores citados han logrado identificar el tipo de vida que creen más idóneo° para la obtención de la felicidad, a lo menos en cierta clase muy extensa de hombres: una vida **recta**[13], sin excesos de ninguna clase y sin énfasis en los bienes materiales.

Más recientemente algunos psicólogos han señalado que para ser felices debemos tener interés en las demás personas, es decir, no ser demasiado egoístas ni introvertidos. Debemos poseer, además, una imagen° objetiva de nosotros mismos y aceptarnos tales como somos, con todas nuestras imperfecciones y defectos. Otros psicólogos han visto que algunas personas pueden aceptar numerosos elementos de insatisfacción en la vida con tal de tener al mismo tiempo otros goces positivos, como los producidos por las buenas amistades y por los frecuentes entretenimientos.

Desde luego, quedan por explorar cuáles son las condiciones psicológicas precisas para la felicidad. Conviene averiguar° también cómo

a clear account

leisure
to pour (itself)
completely

outlined

suitable

picture

ascertain

esas condiciones cambian según el siglo y el país en que uno vive. Pero es necesario también plantear la necesidad inmediata de encontrar una «filosofía de la vida» que nos oriente en la búsqueda de nuestra propia felicidad. Tiene que ser una filosofía afirmativa y en cierto modo optimista. Nada puede hacer feliz, por ejemplo, a quien por naturaleza o por educación ha sido siempre pesimista, a no ser que cambie su actitud frente a la vida. ¿Puede ser uno verdaderamente feliz, por ejemplo, si cree que la vida no tiene sentido o si vive convencido de que el mundo será destruido en una catástrofe nuclear? Todos somos seres sociales que necesitamos de otros seres humanos. ¿Podemos ser felices si los seres a quienes amamos no lo son también? ¿Si uno no cree en otra vida después de ésta que estamos viviendo ahora, puede ser totalmente feliz? ¿Y hasta qué punto el ser religioso y el creer en Dios son indispensables para la felicidad y para sobrellevar° las tragedias de toda vida humana? Estas **preguntas**[14], y otras de esta índole°, abarcan° **cuestiones**[14] de mucha importancia y son las que tenemos que confrontar en nuestra búsqueda diaria de la felicidad, que es, al fin de cuentas, la fuerza o impulso fundamental de nuestra vida.

to bear with courage, kind, class, include

*E*xpansión *de vocabulario*

I

| feliz | happy |
| infeliz | unhappy, wretched, unfortunate |

Care should be used in translating the English adjective *unhappy* into Spanish, for **infeliz** has acquired connotations that in certain cases make it inappropriate. **Infeliz** has come to mean **desgraciado,** *wretched, unfortunate,* when used as a noun or predicate noun. To translate *unhappy,* the expression **no + feliz** is often used. The adjective **infeliz** also describes an extremely ingenuous person, who is easily deceived or taken advantage of. However, the adjective **infeliz** may be used to render *unhappy* when it does not directly modify a person.

El **infeliz** Don Quijote terminó la aventura con el cuerpo dolorido.	*Poor (unfortunate) Don Quijote ended the adventure with all his body aching.*
Creo que María no es **feliz.**	*I believe María is unhappy (is not happy).*
A pesar de sus pretensiones, Nicolás es en el fondo un **infeliz.**	*In spite of his pretensions, Nicolás is just a poor devil.*
Vicente lleva una vida muy **infeliz.**	*Vicente leads a very unhappy life.*

2

la meta	goal, objective
el fin	objective, end
el objeto, (objetivo)	goal, objective, end

As does the word *goal,* Spanish **meta** indicates the purpose or end toward which any physical or intellectual activity is directed. The noun **fin** shows these meanings. Some Spanish synonyms of **meta, objeto, objetivo** are cognates or near cognates of the English synonyms of objective, goal, etc.

Después de muchos obstáculos, los corredores llegaron a la **meta.**	*After many obstacles, the runners reached their goal.*
Ella vino a casa con el **objeto** de hablar con mi padre.	*She came to the house with the objective of speaking with my father.*
Mi **objetivo** es ahorrar para comprar una casa nueva.	*My objective is to save in order to buy a new house.*
La película no tiene otro **fin** que hacer reír al público.	*The film has no other end than to make the public laugh.*

3

la plenitud	fullness, completeness
pleno	full
lleno	full

Lleno indicates *full* in a physical, material sense, whereas **pleno** is reserved for figurative or abstract uses of the word. The expression **en + pleno** + *noun* indicates *right in the middle* or *heart of something*. Its English translation equivalents vary considerably, according to context, as seen in the examples below.

La piscina está completamente **llena.**	*The pool is completely full.*
Tengo **plena** confianza en su capacidad.	*I have full confidence in her capability.*
Carlos lleva una vida **plena** y feliz.	*Carlos leads a full and happy life.*
El actor vive en **pleno** centro de Nueva York.	*The actor lives in the very heart of New York.*
El caballo le dio una patada en **plena** cara.	*The horse kicked him right in the face.*

4

el sentimiento	feeling
la sensación	sensation
el sentido	sense, meaning; feeling

Notice that **sentimiento** means *feeling,* a state of consciousness resulting from emotions or desires. **Sensación,** as in its English translation, most often reflects an impression received via the physical senses. **Sentido,** as its English translation equivalents of *sense* and *meaning* suggest, applies to mental understanding or perception, through either the intellect or the senses.

Él vive atormentado por un **sentimiento** de culpabilidad.	*He lives tormented by a feeling (sense) of guilt.*
La niña sufre a causa de un **sentimiento** de inferioridad.	*The girl suffers from a sense of inferiority.*
Cuando subió a la torre, se apoderó de ella una **sensación** de vértigo.	*When she went up in the tower, a sensation of vertigo seized her.*
Lo que tú dices no tiene **sentido.**	*What you say doesn't make sense.*
Carlos tiene un gran **sentido** del deber.	*Carlos has a strong sense of duty.*

5

la obtención	obtaining, getting
la consecución	obtaining, getting
el logro	achievement
obtener	to obtain, to get
conseguir	to obtain, to get
lograr	to achieve, to get

La obtención and **la consecución** are derivatives of **obtener** and **conseguir,** the two most common words for *to get* or *to obtain* in Spanish. **Obtener** is the more semantically neutral and suggests little about how a person comes to possess something. It is akin to the verb **recibir.** In contrast to **obtener,** which is the less frequently used word, the more common **conseguir** suggests the idea of effort, achievement, or process involved in the getting of something one seeks or desires. **Conseguir** can also be used with the infinitive to stress the idea of being successful in doing something. In this usage, it is a synonym of **lograr,** *to achieve,* whose corresponding noun is **el logro.**

Dorotea compró el auto con el dinero **obtenido** en la lotería.	*Dorothy bought the car with the money she got (won) from the lottery.*
El antiguo gobernador no **obtuvo** suficientes votos para ser reelegido.	*The former governor didn't get enough votes to be reelected.*
Borges nunca **obtuvo** el premio Nobel.	*Borges never received (won) the Nobel Prize.*
Ella al fin **consiguió (logró)** aprender a tocar el piano.	*She finally succeeded in learning how to play the piano.*
El logro de su ambición lo llenó de alegría.	*The achieving of his ambition filled him with happiness.*

6

hermoso	beautiful, lovely, handsome
lindo	pretty, beautiful
bello	beautiful
bonito	pretty, nice
guapo	good-looking, handsome

Hermoso, *beautiful, lovely,* is widely used in Spain to describe people, animals, things, and even moral qualities. It indicates a beauty that provides aesthetic or emotional pleasure. In Spanish America, **hermoso** is a more literary or formal word and is often replaced in the spoken language by **lindo.** In Spain, **lindo** is not only used far less than in Spanish America, but it tends to indicate a lower degree of physical beauty. It is, when used, most often a synonym of **bonito,** *pretty,* an adjective used mostly for that which pleases us because of its smallness, delicacy, etc. Also, in Spain, unlike Spanish America, **lindo,** if used to describe a man, suggests effeminacy.

Hermoso is replaced not only by **lindo** but also by **bello** in Spanish America. In Spain, **bello** is more typical of literary or written than of colloquial Spanish, and is used mostly for things which produce spiritual or moral, rather than sensuous or physical, pleasure or delight. The adjective **guapo** originally meant *brave* or *spirited.* It still retains that meaning in parts of Spanish America. In Spain, however, it now means only *good-looking* or *handsome* and may be used for persons of either sex.

Rebeca ha comprado un **hermoso** caballo árabe.	*Rebecca has bought a beautiful (handsome) Arabian horse.*
La actriz edificó una **hermosa** casa en Bel Air.	*The actress built a beautiful home in Bel Air.*
¡Qué ojos más **lindos** tienen los ciervos!	*What lovely (beautiful) eyes deer have!*
La hija de Eugenia tiene una cara muy **linda.**	*Eugenia's daughter has a beautiful face.*
Nosotros le regalamos una **linda** cartera.	*We gave him a beautiful wallet as a gift.*
Mary Cassatt pintó **bellos (hermosos)** cuadros impresionistas.	*Mary Cassatt painted beautiful impressionist paintings.*
La muerte del mártir fue un **bello** acto de sacrificio.	*The death of the martyr was a beautiful act of sacrifice.*
Cary Grant era un hombre muy **guapo.**	*Cary Grant was a very handsome man.*
Los hombres **guapos** no se asustan ante el peligro.	*Brave men aren't afraid in the face of danger.*

7

realizar	to realize; to accomplish
darse cuenta de	to realize

Realizar means *to realize* in the sense of *to make something desired or planned become a reality.* It also means *to do* or *to make.* However, the English verb *realize* when it refers to the mental process of becoming aware of something, is rendered by **darse cuenta** in Spanish.

El joven soldado nunca vio **realizados** sus sueños de paz.	*The young soldier never saw his dreams of peace realized.*
El próximo año el Papa **realizará** un viaje por África.	*Next year, the Pope will take a trip to Africa.*
Los revolucionarios quieren **realizar** la reforma de la sociedad.	*The revolutionaries want to carry out (realize) the reform of society.*
No **me di cuenta** antes de las verdaderas intenciones de Sergio.	*I didn't realize Sergio's true intentions before.*

8

aparecer	to appear
comparecer	to appear
aparecerse	to appear

Spanish distinguishes between **aparecer,** *to appear,* in the standard sense, and **comparecer,** *to appear,* in the sense of presenting oneself before a judge, jury, or board, in order to provide information, to answer questions, or to give testimony. In its more restricted meaning of psychic or spiritual manifestation, *to appear* is **aparecerse** in Spanish.

Las setas **aparecieron** después de las lluvias.	*The mushrooms appeared after the rains.*
Los testigos **comparecieron** ante el jurado, afirmando la inocencia del coronel.	*The witnesses appeared before the jury affirming the colonel's innocence.*
La Virgen se le **apareció** en un sueño.	*The Virgin Mary appeared to her in a dream.*

9

(con) respecto a	with respect to, in regard to
el respeto	respect
respetar	to respect

Observe that only in the prepositional expression **(con) respecto a** does Spanish retain the **-ct-** of the word's Latin origin. **Respeto** and the corresponding verb **respetar,** referring to the esteem one person holds for another, therefore, both lack the **-c-** of their English cognate.

Él sentía mucho **respeto** por aquel hombre.	*He felt great respect for that man.*
La maestra nos dio información **(con) respecto a** cada uno de los temas.	*The teacher gave us information regarding (with respect to) each of the themes.*
Él causa muchos accidentes porque no **respeta** las reglas del tránsito.	*He causes many accidents because he doesn't respect the traffic regulations.*

I O

la lucha	struggle, fight; wrestling
la pelea	fight
la riña	fight, quarrel
luchar	to struggle, to fight, to wrestle
pelear	to fight
reñir	to fight, to quarrel, to scuffle

There is no absolute difference among the synonyms above. **Lucha,** however, has the broadest semantic range, which includes any kind of struggle involving considerable or sustained effort, whether physical or mental. It can, like the other words, be used in a literal or figurative sense. **Lucha,** sometimes used with the adjective **libre,** has the specific meaning of *wrestling* in a sporting context.

Of the three sets of nouns and verbs, **pelea** and **pelear** are by far the most common set. **Pelea** and **pelear** are standard to indicate a physical or verbal fight or struggle. **Pelear** is often used colloquially with the reflexive pronoun, but without any reflexive meaning.

Reñir, when used with the preposition **con,** means *to fight* but usually in the sense of *quarreling,* the kind of verbal fighting or strife resulting in broken or strained relationships. However, when **reñir** is used with a direct object, it is a synonym of **regañar,** *to scold.*

El fiscal ha emprendido una **lucha** contra la corrupción.

The public prosecutor has undertaken a fight (struggle) against corruption.

A él le gusta ver más el boxeo que la **lucha libre.**

He likes to watch boxing more than wrestling.

Nosotros siempre debemos **luchar** por la justicia y la igualdad.

We should always fight (struggle) for justice and equality.

Se produjo una violenta **pelea** entre los dos hermanos.

A violent fight occurred between the two brothers.

Los hermanos siempre están **peleándose.**

The brothers are always fighting.

He reñido con mi amiga porque no me ha devuelto el dinero.

I quarrelled with my friend because she hasn't returned the money to me.

Muchas veces **el reñir (regañar)** a los niños da mal resultado.

Scolding children often yields bad results.

II

actual	present, present-day
en la actualidad	at present, at the present time
actualmente	at present, presently
real, verdadero, legítimo, auténtico	real, actual
efectivo	real, actual

Spanish **actual** is not a synonym of English *actual* in its common meaning of *true, real, authentic,* etc. Instead, **actual** is a very common synonym of the adjective **presente.** To translate English *actual* or *real,* Spanish uses **real, verdadero, legítimo, auténtico,** etc. When it is necessary to contrast the real thing with what is supposed to be real but isn't, Spanish prefers the adjective **efectivo.**

¿Tú sabes quién es el gobernador **actual** de Nueva York?	*Do you know who is the present governor of New York?*
La generación **actual** se rebela contra sus padres.	*The present generation rebels against its parents.*
Lo que él dijo no son cuentos, sino historias **verdaderas (reales).**	*What he told aren't tales, but true (real, actual) stories.*
Estos zapatos tienen suelas de cuero **legítimo.**	*These shoes have real (genuine) leather soles.*
El dueño **efectivo** de esta tienda vive en Nueva York.	*The actual (real) owner of this store lives in New York.*

12

la búsqueda	search, pursuit
la busca	search, pursuit, hunt
en busca de	in search of
buscar	to look for, to search for

Búsqueda has replaced the formerly popular word **busca** in conversation and writing, and **busca** today is found only in the set phrase **en busca de,** *in search of.* Remember, too, that the verb **buscar** requires no preposition to translate English *for.* As does any other transitive verb, it requires the preposition **a** when followed by a personal direct object. The noun **búsqueda,** however, is followed by the preposition **de** when it has an object of its own.

Ellos abandonaron **la búsqueda** de la niña secuestrada.	*They gave up (abandoned) the search for the kidnapped girl.*
La Marina de Guerra realizó una **búsqueda** intensiva del barco pesquero.	*The Navy carried out an intensive search for the fishing boat.*
Los desocupados han recorrido la ciudad **en busca de** trabajo.	*The unemployed have gone all over the city in search of work.*
Nosotros vamos a **buscar** un nuevo departamento.	*We are going to look for a new apartment.*

I3

recto	righteous, straight
curvo	curved
torcido	twisted

Recto, the basic meaning of which is *straight,* is also used figuratively, as in the essay illustration, to describe persons who act in a morally straight or righteous way. **Recto** is the opposite of **curvo,** *curved,* and, to a lesser extent, **torcido,** *twisted.*

La niña dibujó la ciudad con líneas **rectas** y **curvas.**	*The girl drew the city with straight and curved lines.*
Él es uno de los hombres más **rectos** que he conocido.	*He is one of the most righteous men I have ever known.*

I4

la pregunta	question
la cuestión	question

Spanish distinguishes formally between the two meanings of the English word *question,* (1) in the sense of an *interrogative expression* that elicits a specific response, and (2) a *matter or issue,* often of difficult solution, that is frequently subject to consideration or discussion by a group of people.

La **pregunta** que le hicieron tenía que ver con su vida privada.	*The question they asked her had to do with her private life.*
Una **cuestión** que preocupa a muchos es la supervivencia de la humanidad.	*A question that concerns many people is the survival of humanity.*
En unos minutos resolveremos la **cuestión.**	*In a few minutes we'll resolve this matter (question).*

Ejercicios

Comprensión de la lectura

De las cuatro respuestas que se indican para cada pregunta, seleccione Ud. la correcta, de acuerdo con el ensayo. También indique brevemente por qué las otras opciones son incorrectas.

1. Para la mayor parte de las personas la felicidad es _____.
   a. un concepto que prefieren no definir
   b. una de las muchísimas metas en la vida
   c. un estado que da sentido a la vida
   d. una obsesión que les atormenta mucho

2. Para ser verdaderamente feliz uno debe _____.
   a. gozar de una situación familiar muy satisfactoria
   b. estar satisfecho con su vida en conjunto
   c. encontrar un trabajo que le satisfaga profundamente
   d. poder definir qué es la felicidad

3. La filosofía de Ortega y Gasset mantiene que la felicidad depende de _____.
   a. comprender el sentido profundo de la vida
   b. hallarse totalmente absorto en alguna actividad
   c. tener momentos de ocio para meditar sobre la vida
   d. ser ingenuo y dedicarse al trabajo

4. Para orientar la búsqueda de la felicidad, cada uno de nosotros debe _____.
   a. ser religioso y creer en Dios
   b. querer a otros seres humanos
   c. encontrar una filosofía de la vida
   d. creer que el mundo no será destruido

La palabra adecuada

A. Para cada frase que sigue, elija Ud. la palabra o expresión que complete mejor el sentido.

1. Es una vista tan _____ que al poeta le faltan palabras para describirla.
   a. bonita
   b. bella
   c. guapa

2. Quisiéramos _____ nuestra meta en seguida.
   a. darnos cuenta de
   b. buscar
   c. conseguir

3. Miguel investigó la _____ entre Alemania y Francia que empezó en 1939.
   a. riña
   b. cuestión
   c. lucha

4. El donante _____ del dinero fue Cristóbal, y no Roberto.
   a. actual
   b. legítimo
   c. efectivo

B. De acuerdo con las notas de **Expansión de vocabulario,** utilice la palabra o expresión que complete mejor el sentido de cada frase. En algunos casos puede haber más de una palabra apropiada.

   1. Debido a la infracción, Luis debe _____ ante el tribunal con su abogado.

   2. El pobre hombre pasó años muy _____ en la última parte de su vida.

   3. Después de la guerra, el país tuvo un período de _____ expansión económica.

   4. Su _____ de responsabilidad es tan grande que nunca falta a su trabajo.

C. Complete las frases que siguen, escogiendo las palabras que mejor correspondan al sentido, modificándolas gramaticalmente siempre que sea necesario. No use ninguna palabra más de una vez.

felicidad	bello	regañar	obtención
sentimental	con respecto a	comparecer	aparecerse
guapo	meta	búsqueda	realizar
lograr	afectivo	plenitud	recto

   1. El maestro habló con los padres _____ la mala conducta de los niños; luego cada padre _____ a sus hijos.

   2. El explorador organizó la _____ del tesoro submarino y al encontrarlo _____ su sueño.

   3. La _____ humana es a veces un estado de _____.

   4. El abogado no era un hombre muy _____ y tuvo que _____ ante el juez por los delitos que había cometido.

Preguntas textuales

1. ¿Por qué dice Schopenhauer que la posibilidad de la felicidad es limitada?

2. Explique Ud. por qué se puede ser feliz aunque su trabajo diario no sea satisfactorio.

3. ¿Qué relación establecen los psicólogos modernos entre el egoísmo, la falta de conocimiento de nosotros mismos y la felicidad?

Tareas complementarias

A. Los estudiantes, divididos en grupos, deberán preparar una encuesta fuera o dentro de la clase entre no más de cinco o seis personas, para determinar el grado de felicidad que experimentan miembros de su familia, amigos o compañeros de clase. Deben indicar cuántos de los encuestados se consideran muy felices, felices o insatisfechos con la vida que llevan. En cada caso, deben proporcionar información sobre las causas de la actitud de cada persona, en relación con la falta o presencia del amor, la existencia o falta de amigos, la pobreza o carencia de recursos económicos, la seguridad o inseguridad con respecto al futuro, etc.

B. Preparar una pequeña representación teatral con el tema de un antiguo cuento oriental, «La camisa del hombre feliz». Según el cuento, un vecino de una ciudad le pregunta a un sabio sobre el modo de obtener la felicidad. El sabio le responde que para ser feliz ha de vestir la camisa de un hombre que lo sea. El vecino halla al hombre feliz, pero advierte que, por ser tan pobre, no tiene camisa alguna. Diferentes grupos de estudiantes ayudarán a caracterizar a cada personaje y a preparar el diálogo. El vecino explicará las causas de su infelicidad. El sabio describirá al hombre feliz, su familia, y el lugar donde vive, y dará indicaciones sobre cómo encontrarlo; el hombre feliz dirá por qué es feliz a pesar de su pobreza. Otros resumirán la moraleja de la historia, indicando si se puede o no ser feliz en medio de la pobreza material.

C. La clase, transformada en una asamblea constitucional, debe discutir una enmienda a la Constitución de los Estados Unidos en la que se hará desaparecer el concepto de que cada ciudadano tiene derecho a la búsqueda o persecución de la felicidad. Los que quieran mantener la Constitución como está, deben argumentar en favor de ese concepto, que autoriza a luchar por el bienestar propio o de la familia. Los que favorezcan la enmienda, procurarán establecer el sentido que la palabra «felicidad» tenía cuando se redactó la Constitución y el que puede tener ahora. Un voto de la clase decidirá la cuestión.

D. La gente asocia generalmente **felicidad** con **éxito.** Que cada estudiante hable de una persona real o imaginaria que haya obtenido en su vida gran éxito (un actor o una actriz de cine, un(a) cantante, un científico, un(a) deportista, un hombre o mujer de negocios, etc.) y que no sea o haya sido muy feliz. Se describirá a esa persona, el lugar en que vive, se hará la historia de sus éxitos y se indicarán las causas de su infelicidad y sus consecuencias.

Índice de palabras comentadas

The following abbreviations are used:

adj. adjective
adv. adverb
adv. ph. adverbial phrase
conj. conjunction
f. feminine
m. masculine
n. noun
n. ph. nominal phrase

p. preposition
pp. past participle
ph. phrase
v. verb
v. ph. verb phrase
p. ph. prepositional phrase

A

abastecer *v.* 46
acabarse *v.* 50
aclarar *v.* 100
aconsejar *v.* 48
actual *adj.* 218
actualidad *n.* 218
actualmente *adv.* 218
actuar *v.* 140
acudir *v.* 122
adelgazar *v.* 86
adiestramiento *n.* 159
adiestrar *v.* 159
admitir *v.* 178
afectivo *adj.* 193
afecto *n.* 193
afectuoso *adj.* 193
aficionado *n./adj.* 156
afrontar *v.* 45
agarrar *v.* 144

agitar *v.* 137
agotado *adj.* 50
agotar *v.* 50
agregar *v.* 49
aguantar *v.* 29; 180
ahogar *v.* 142
ahorrar *v.* 141
alimentación *n.* 5
alimentar *v.* 5
alimentario *adj.* 5
alimenticio *adj.* 5
alimento *n.* 5
aliñar *v.* 13
aliño *n.* 13
almuerzo *n.* 7
amar *v.* 199
ambición *n.* 89
ambicioso *adj.* 89
ambiente *n.* 100
amor *n.* 199
anciano *n.* 183
ángulo *n.* 154

animal salvaje *n. ph.* 81

antiguo *adj.* 183

anunciar *v.* 176

anuncio *n.* 176

anuncio comercial *n. ph.* 176

anuncio publicitario *n. ph.* 176

añadir *v.* 49

aparecer *v.* 216

aparecer(se) *v.* 216

aparición *n.* 84

apariencia *n.* 84

apasionar *v.* 200

aplazar *v.* 50

aportación *n.* 123

aportar *v.* 123

aporte *n.* 123

aprovechar *v.* 127

aprovechar(se) de *v.* 127

argumento *n.* 181

arrojar *v.* 106

arrostrar *v.* 45

arruinar(se) *v.* 118

asco *n.* 44

asemejarse a *v.* 200

asesor *n.* 48

asesoramiento *n.* 48

asesorar *v.* 48

aspecto *n.* 84

aspiración *n.* 89

aspirar a *v.* 89

asqueroso *adj.* 44

asunto *n.* 192

ataque al corazón *n. ph.* 48

ataque cardíaco *n. ph.* 48

atmósfera *n.* 100

atragantar(se) *v.* 142

auténtico *adj.* 218

ave *n. f.* 135

aves de corral *n. ph.* 135

avergonzar *v.* 196

averiar(se) *v.* 108

B

bailador(a) *n.* 124

bailar *v.* 124

bailarín(ina) *n.* 124

baile *n.* 124

bandada *n.* 105

bañar(se) *v.* 110

barba *n.* 84

barca *n.* 103

barco *n.* 103

basura *n.* 107

bebedor *n.* 68

bebedor empedernido *n. ph.* 68

bebedor moderado *n. ph.* 68

bebedor ocasional *n. ph.* 68

bebido *adj.* 70

bello *adj.* 214

beodo *adj.* 70

bonito *adj.* 214

borrachera *n.* 70

borracho *adj.* 70

bosque *n.* 101

bote *n.* 103

bote de remos *n. ph.* 103

buque *n.* 103

busca *n.* 219

buscar *v.* 219

búsqueda *n.* 219

C

cabello *n.* 84

calidad *n.* 177

cambiar *v.* 179

campo *n.* 102

cantidad *n.* 177

capital *n. m.* 32

capital *n. f.* 32

capitolio *n.* 32

cara *n.* 146

cariño *n.* 193

cariñoso *adj.* 193
casa *n.* 90
celo *n.* 201
celos *n.* 201
celoso *adj.* 201
cena *n.* 7
centenario *adj.* 161
cereal *n.* 64
charca *n.* 135
charco *n.* 135
chip *n.* 154
clarete *adj.* 69
claro *adj.* 86
cocina *n.* 14
coger *v.* 144
colegio *n.* 87
cólera *n.* 51
comentar *v.* 28
comida *n.* 7
comisura *n.* 154
comparecer *v.* 216
comportarse *v.* 140
comprar a plazos *v. ph.* 50
computadora *n.* 154
computadora personal
   n. ph. 154
común *adj.* 158
condimentar *v.* 13
confección *n.* 65
confeccionar *v.* 65
confianza *n.* 199
confiar (en) *v.* 199
confrontar *v.* 45
congelado *adj.* 14
congelar *v.* 14
conocer *v.* 196
conocido *adj./n.* 196
(con) respecto a+ *p. ph.* 216
consecución *n.* 213
conseguir *v.* 213
consejero *n.* 48
consejo *n.* 48
conservar *v.* 104
consumir *v.* 62
consumo *n.* 62

contar con *v.* 182
contribución *n.* 66; 123
contribuir *v.* 123
contribuyente *n.* 66
copa *n.* 69
correo electrónico *n. ph.* 154
corriente *adj.* 158
crecer *v.* 7
cremoso *adj.* 8
crimen *n.* 67
criminal *n.* 67
criminalidad *n.* 67
cuadro *n.* 174
cualidad *n.* 177
cuenca *n.* 135
cuenco *n.* 135
cuestión *n.* 220
cultivar *v.* 7
curar *v.* 25
curvo *adj.* 220

D

danza *n.* 124
danzar *v.* 124
dañar *v.* 43
dañino *adj.* 43
daño *n.* 43
dañoso *adj.* 43
dar a luz *v. ph.* 88
dar asco *v.ph.* 44
dar de comer *v. ph.* 5
darse cuenta de *v. ph.* 215
dato *n.* 161
datos *n.* 161
década *n.* 161
decenio *n.* 161
dejar *v.* 29
delgado *adj.* 86
delicioso *adj.* 8
delincuencia *n.* 67
delincuente *n.* 67
delito *n.* 67
demandar *v.* 145

de moda *n. ph.* 179
denso *adj.* 86
deporte *n.* 156
deportista *n.* 156
deportivo *adj.* 156
derrame (cerebral) *n. ph.* 48
derrotar *v.* 164
desagradar *v.* 44
de salud+ *p. ph.* 25
desayuno *n.* 7
descollar *v.* 159
desechar *v.* 107
desecho *n.* 107
desempleado *adj.* 23
desempleo *n.* 23
desgracia *n.* 196
desgraciado *adj.* 210
desgraciadamente *adv.* 196
deshonra *n.* 196
deshonrar *v.* 196
desinterés *n.* 194
desocupado *adj.* 23
despejar *v.* 100
desperdiciar *v.* 107
desperdicio *n.* 107
desplazar *v.* 157
desplazar(se) *v.* 157
destacar(se) *v.* 159
destreza *n.* 160
destrozar *v.* 138
destrozo *n.* 138
destrucción *n.* 138
destruir *v.* 138
día de mañana *n. ph.* 173
dibujo *n.* 174
diestro *adj.* 160
dieta *n.* 11
dimensión *n.* 139
dinero *n.* 22
discriminación *n.* 119
discriminar *v.* 119
disfrutar (de) *v.* 83
disfrute *n.* 83
disgustar *v.* 44
disgusto *n.* 44

disponer de *v. ph.* 182
distinguir *v.* 119
diversión *n.* 175
divertir(se) *v.* 175
divisas *n.* 22
domicilio *n.* 90
droga *n.* 61

E

ebrio *adj.* 70
echar *v.* 106
echar(se) a perder *v. ph.* 108
educar *v.* 121
efectivo *adj.* 218
ejercer *v.* 88
ejercitar *v.* 159
elaboración *n.* 65
elaborar *v.* 65
eludir *v.* 85
email *n.* 154
embarazada *adj.* 88
embarcación *n.* 103
emborrachar(se) *v.* 70
embriaguez *n.* 70
emisión *n.* 176
emisor(a) *adj.* 176
emisora *n.* 176
emitir *v.* 176
emparentado *adj.* 198
empedernido *adj.* 70
emplear *v.* 41
empleo *n.* 32
enamorarse de+ *v.* 199
en busca de+ *p. ph.* 219
encantar *v.* 200
encubrir *v.* 143
en el (al) extranjero
   p. ph. 119
enfadar *v.* 51
enfado *n.* 51
enfrentar *v.* 45
engordar *v.* 86
engullir *v.* 62

en la actualidad *p. ph.* 218
enojar *v.* 51
enojo *n.* 51
en paro *p. ph.* 23
ensalada *n.* 12
entrada *n.* 124
entrar *v.* 124
entrenador(a) *n.* 159
entrenamiento *n.* 159
entrenar *v.* 159
entretener *v.* 175
entretenimiento *n.* 175
envidiar *v.* 201
envidioso *adj.* 201
esconder *v.* 143
escuelas *n.* 87
espacio (publicitario)
   n. ph. 176
espeso *adj.* 86
espina *n.* 10
esquina *n.* 154
estación *n.* 176
estación de radio *n. ph.* 176
estación de televisión
   n. ph. 176
estar a dieta *v. ph.* 11
estar a régimen *v. ph.* 11
estar celoso *v. ph.* 201
estar enamorado de
   v. ph. 199
estar interesado *v. ph.* 194
estilo de vida *n. ph.* 26
estrangular *v.* 142
estrés *n.* 41
estropear(se) *v.* 108
evitar *v.* 85
exento *adj.* 162
exigir *v.* 145
expediente *n.* 161
experimentar *v.* 201
explosión *n.* 122
explotación *n.* 122
explotar *v.* 122
exterior *adj.* 119
extranjero *n.* 119

F

facultad *n.* 87
falta *n.* 67
famélico *adj.* 6
familiar *n. adj.* 196
fanático *n.* 156
faz *n. f* 146
feliz *adj.* 210
feroz *adj.* 81
fiar *v.* 199
fiarse de *v.* 199
fiera *n.* 81
fiero *adj.* 81
fin *n.* 211
fino *adj.* 86
flaco *adj.* 86
forastero *n.* 119
foto(grafía) *n.* 174
fregar los platos *v. ph.* 9
fuerza *n.* 82
futuro *n.* 173

G

ganar *v.* 164
ganar peso *v. ph.* 86
garras *n.* 144
gastar *v.* 41
goce *n.* 83
gordo *adj.* 86
gozar de *v.* 83
grado *n.* 65
graduación *n.* 65
grano *n.* 64
granos de (distintos)
   cereales *n. ph.* 64
gratis *adv.* 162
gratuito *adj.* 162
grosero *adj.* 158
grueso *adj.* 86
guapo *adj.* 214

guardar *v.* 104; 141
gustar *v.* 44

H

hábil *adj.* 160
habilidad *n.* 160
hacer *v.* 65
hacer daño *v. ph.* 43
hacer(se) *v.* 42
hacer temblar *v. ph.* 137
hacer un deporte *v. ph.* 156
hambre *n.* 6
hambriento *adj.* 6
hato *n.* 105
hecho *n.* 161
helar *v.* 14
hembra *n.* 81
hermoso *adj.* 214
hija *n.* 81
hindú *adj.* 120
hipertensión *n.* 47
historial *n.* 161
hogar *n.* 90
hondo *adj.* 138
honorarios *n.* 26
hortaliza *n.* 11
huerta *n.* 12
hueso *n.* 10

I

idioma *n.* 120
imagen *n.* 174
impresora *n.* 154
impuesto *n.* 66
índice *n.* 30
indígena *adj.* 120
indio *n. adj.* 120
industria alimentaria
    n. ph. 5

infarto (de miocardio)
    n. ph. 48
infeliz *adj.* 210
informática *n.* 154
informe meteorológico
    n. ph. 172
ingerencia *n.* 62
ingerir *v.* 62
ingresar *v.* 124
ingreso *n.* 124
injuria *n.* 126
injuriar *v.* 126
injurioso *adj.* 126
instruir *v.* 121
insulso *adj.* 12
insultante *adj.* 126
insultar *v.* 126
insulto *n.* 126
intentar *v.* 197
interés *n.* 194
interesado *adj.* 194
interesar *v.* 194
intimidad *n.* 194
íntimo *adj.* 194
intoxicado *adj.* 70
intoxicar *v.* 70

J

jarrón *n.* 69
jornada *n.* 26
jornal *n.* 26
jornalero *n.* 31
jubilación *n.* 27
jubilar(se) *v.* 27
juego *n.* 155
juego de azar *n. ph.* 155
jugada *n.* 155
jugador *n.* 155
jugar *v.* 155
jugo *n.* 63
jungla *n.* 101

L

lanzador(a) *n.* 106
lanzar *v.* 106
lastimar *v.* 43
lavar los platos *v. ph.* 9
lazos familiares *n. ph.* 196
legítimo *adj.* 218
legumbre *n. f.* 11
lengua *n.* 120
lenguaje *n.* 120
lesión *n.* 43
lesionar *v.* 43
liberar *v.* 162
libertar *v.* 162
librar *v.* 162
libre *adj.* 162
libro de recetas *n. ph.* 9
lindo *adj.* 214
lisiadura *n.* 43
lisiar *v.* 43
lleno *adj.* 211
llorar *v.* 28
local *n./adj.* 125
locutor(a) *n.* 172
lograr *v.* 213
logro *n.* 213
los que bailan *n. ph.* 124
lucha *n.* 217
lucha libre *n. ph.* 217
luchar *v.* 217
lugar *n.* 125
lustro *n.* 161

M

macho *n.* 81
maltrato *n.* 71
manada *n.* 105
mantener *v.* 180
mañana *n.* 173
mar *n.* 109
mareado *adj.* 62

marearse *v.* 62
mareo *n.* 62
marisco *n.* 10
matrimonio *n.* 195
mayor *adj.* 183
medicamento *n.* 61
medicina *n.* 61
médico *n. adj.* 25
medio *n.* 100
medio ambiente *n. ph.* 100
mejora *n.* 163
mejoramiento *n.* 163
mejorar *v.* 163
mejoría *n.* 163
meta *n.* 211
meteorológico *adj.* 172
mirar *v.* 172
moda *n.* 179
moderado *adj.* 70
molestar *v.* 44
moneda *n.* 22
moneda extranjera
  n. ph. 22
montaña *n.* 136
monte *n.* 136
morir(se) de hambre+
  v. ph. 6
mover *v.* 157; 179
moverse *v.* 157; 179
mudar *v.* 157; 179
mudar(se) *v.* 157; 179
muy amigos *n. ph.* 194

N

nadar *v.* 110
natación *n.* 110
nativo *adj.* 120
natural *adj.* 120
náusea *n.* 62
nave *n.* 103
niña *n.* 81
nivel de vida *n. ph.* 26
noticias *n.* 172

noticiero *n.* 172
número *n.* 139
nutrir *v.* 5

O

objetivo *n./adj.* 211
objeto *n.* 211
obrar *v.* 140
obrero *n.* 31
obtención *n.* 213
obtener *v.* 213
ocasional *adj.* 70
océano *n.* 109
océano Índico *n. ph.* 109
ocultado *adj.* 143
ocultar *v.* 143
oculto *adj.* 143
operario *n.* 31
ordenador *n.* 154
ordinario *adj.* 158

P

padecer *v.* 106
paga *n.* 91
pagar *v.* 28; 91
pagar a plazos *v. ph.* 50
pago *n.* 91
pájaro *n.* 135
par *n.* 195
parado *adj.* 23
paraje *n.* 125
parar *v.* 23
parecerse a+ *v. ph.* 200
parecido *n./adj.* 200
pareja *n.* 195
parentesco *n.* 198
pariente *n.* 196
parir *v.* 88
paro *n.* 23

parte (informe) meteorológico
    n. ph. 172
partida *n.* 155
partido *n.* 155
pasar hambre *v. ph.* 6
pasarlo bien *v. ph.* 175
paso *n.* 30
pastilla *n.* 154
pedir *v.* 28
pelea *n.* 217
pelear *v.* 217
película *n.* 174
pelo *n.* 84
perder peso *v. ph.* 86
pericia *n.* 160
perito *n.* 160
perjudicar *v.* 43
perjudicial *adj.* 43
perjuicio *n.* 43
permitir *v.* 29
pesa *n.* 135
pescado *n.* 10
pescados y mariscos *n. ph.* 10
peso *n.* 135
pez *n.* 10
piedra *n.* 70
pillar *v.* 144
pintura *n.* 174
planta *n.* 31
plantar *v.* 102
plantilla *n.* 31
plata *n.* 22
plato *n.* 9
plaza *n.* 50
plazo *n.* 50
plenitud *n.* 211
pleno *adj.* 211
poco hondo *adv. ph.* 138
poco profundo *adv. ph.* 138
poder *n.* 82
poner(se) *v.* 42
popular *adj.* 179
porcentaje *n.* 65
por ciento *n. ph.* 65
por desgracia *p. ph.* 196

portarse *v.* 140
porvenir *n.* 173
potencia *n.* 82
practicar *v.* 88
practicar un deporte
  v. ph. 88; 156
pregunta *n.* 220
preñada *adj.* 88
preparar *v.* 65
prescribir *v.* 9
presente *adj.* 218
preservar *v.* 104
presión (arterial) alta
  n. ph. 47
prevenir *v.* 85
privado *adj.* 194
procesador de palabras
  n. ph. 154
procurar *v.* 197
profesorado *n.* 87
profundo *adj.* 138
pronosticar *v.* 172
pronóstico meteorológico
  n. ph. 172
propaganda *n.* 176
proporcionar *v.* 46
proteger *v.* 104
proveer *v.* 46
publicidad *n.* 176
publicitario *adj.* 176
puesto de trabajo *n. ph.* 32

Q

quebradura *n.* 126
quebrantar *v.* 126
quebrar *v.* 126
quedar *v.* 42
quedar(se) *v.* 42
querer *v.* 199

R

real *adj.* 218
realizar *v.* 215
rebaño *n.* 105
receta *n.* 9
receta de cocina *n. ph.* 9
receta médica *n. ph.* 9
recetar *v.* 9
reclamar *v.* 145
recobrar(se)+ *v.* 110
recoger *v.* 144
reconocer *v.* 178
recto *adj.* 220
recuperar *v.* 110
refrigerio *n.* 7
regañar *v.* 217
régimen *n.* 11
régimen alimenticio *n. ph.* 11
relación *n.* 198
relacionado *adj.* 198
reñir *v.* 217
requerir *v.* 145
resistir *v.* 29
respecto a+ *p. ph.* 216
respetar *v.* 216
respeto *n.* 216
retirada *n.* 27
retirar(se) *v.* 27
retiro *n.* 27
retrato *n.* 174
reunir *v.* 182
rico *adj.* 8
rincón *n.* 154
riña *n.* 217
romper *v.* 126
rostro *n.* 146
rotura *n.* 126
ruptura *n.* 126

S

sabroso *adj.* 8
sacudir *v.* 137
sal *n.* 12
salado *adj.* 12
salario *n.* 26
salsa *n.* 13
salud *n.* 25
salvaje *adj.* 81
salvar *v.* 141
sanar *v.* 25
sanear *v.* 25
sanitario *adj.* 25
sano *adj.* 25
sazonar *v.* 13
segregación *n.* 119
segregado *adj.* 119
selva *n.* 101
sembrado *n./adj.* 102
sembrar *v.* 102
semejanza *n.* 200
sencillo *adj.* 24
sensación *n.* 212
sensato *adj.* 30
sensible *adj.* 30
sensitivo *adj.* 30
sentido *n.* 212
sentimiento *n.* 212
ser celoso *v. ph.* 201
sierra *n.* 136
siglo *n.* 161
silvestre *adj.* 81
simple *adj.* 24
sitio *n.* 125
sobresalir *v.* 159
sofocar *v.* 142
solicitar *v.* 28
soplar *v.* 28
soportar *v.* 180
soso *adj.* 12
sostener *v.* 180
sueldo *n.* 26
sufrir *v.* 106

sujeto *n.* 192
sumar *v.* 49
suministrar *v.* 46
superar *v.* 164
suplir *v.* 46
surtir *v.* 46

T

talla *n.* 139
tamaño *n.* 139
tarifa *n.* 30
tasa *n.* 30
taza *n.* 69
tele *n.* 172
televisar *v.* 172
televisión *n.* 172
televisivo *adj.* 172
televisor *n.* 172
tema *n. m.* 192
temblar *v.* 137
tener *v.* 182
tener celos *v. ph.* 201
tener hambre *v. ph.* 6
tensión *n.* 41
tensión (arterial) alta
    n. ph. 47
tensión de la sangre *n. ph.* 47
tenso *adj.* 41
teñir *v.* 69
tinto *adj.* 69
tipo *n.* 30
tirador(a) *n.* 106
tirar *v.* 106
tocar *v.* 155
tolerar *v.* 29
tomado *adj.* 70
tomar *v.* 144
tópico *n.* 192
torcido *adj.* 220
tornar(se) *v.* 42
trabajador *n.* 31
trabajo *n.* 32
tragar *v.* 62

trama *n.* 181
tramar *v.* 181
transmitir *v.* 176
tratamiento *n.* 71
tratar *v.* 71; 197
tratar de *v. ph.* 197
tratar sobre *v. phr.* 197
tratar(se) de *v. ph.* 197
trato *n.* 71
tren de vida *n. ph.* 26

ver la televisión *v. ph.* 172
vertiginoso *adj.* 62
vértigo *n.* 62
viejo *adj.* 183
vino blanco *n. ph.* 69
vino clarete *n. ph.* 69
vino rosado *n.ph.* 69
vino tinto *n. ph.* 69
volverse *v.* 42
vulgar *adj.* 158

U

universidad *n* 87
un par de *n. ph.* 195
usar *v.* 41
utilizar *v.* 41

Z

zumo *n.* 63

V

vajilla *n.* 9
varón *n.* 81
vaso *n.* 69
vegetal *adj.* 11
vello *n.* 84
vencer *v.* 164
ver *v.* 172
verdadero *adj.* 218
verdura *n.* 11
vergüenza *n.* 196